Simone Ahlbrecht · Christian Döring

Kennt auch dich und hat dich lieb

99 Andachten für Vorschulkinder

BORN-VERLAG, KASSEL

Impressum

Impressum:

Printed in Austria

Umschlag, Satz und Grafik: Bernd Drescher, Lüdenscheid

Druck: Wiener-Verlag, Himberg

ISBN 3-87092-267-2

Bestellnummer: 182.267

Vorwort

Als ich noch ein kleiner Junge war, fuhr ich oft zu meiner Oma. Sie erzählte mir von Jesus. Bald schon merkte ich: Jesus ist ein starker Freund für mich geworden, der immer bei mir ist. Meine Oma hat Jesus in mein Herz gepflanzt. Er kommt immer wieder in meinem Leben vor.

Bis heute – und ich bin schon lange erwachsen – kann ich mich auf Jesus verlassen. Ich kann ihm Sachen sagen, die ich sonst niemandem sagen würde.

Wenn ich Jesus brauche, ist er da, auf ihn muss ich nicht erst lange warten. Ich kann mich heute nicht mehr an alles erinnern, was meine Oma von ihm erzählt hat, aber sie hat mir Jesus für immer geschenkt.

Auch ihr könnt Jesus kennen lernen. Ich wünsche euch, dass er für euch zu einem starken Freund wird, der euch begleitet und dem ihr alles sagen könnt.

Euer Christian Döring und eure Simone Ahlbrecht

Wichtiger Hinweis:
Weil wir nicht wissen, wann ihr mit dem Andachtsbuch beginnt, stehen die Geschichten von Weihnachten und Ostern am Ende des Buches. Unterbrecht einfach zu der Zeit die Reihenfolge und springt nach hinten.

Übrigens: Wir haben für die Bibelverse die Übersetzung "Hoffung für alle" verwendet.

Wer hat die Geschichten geschrieben?

Simone Ahlbrecht ist verheiratet und lebt in der schönen Stadt Kassel. Sie hat zwei super Töchter.

Simone ist Krankenschwester und arbeitet bei einem ambulanten Pflegedienst. Dort betreut sie alte und kranke Leute zu Hause und gibt Pflegekurse für die Angehörigen dieser Menschen.

Außerdem unterrichtet sie das Fach "Pflege" bei arbeitslosen Jugendlichen in einer gemeinnützigen Bildungseinrichtung.

In ihrer Freizeit treibt sie gern mit ihrer ganzen Familie Sport (schwimmen, Rad fahren, Ju-Jutsu) und liest ganz viel.

Als ihre Töchter noch klein waren, hat sie fünf Jahre lang einen Spielkreis in einer evangelisch-freikirchlichen Gemeinde geleitet. Aus dieser Arbeit sind zwei Bücher für Mutter-Kind-Kreise entstanden.

Sie hat die ersten 49 Geschichten geschrieben und es hat ihr viel Spaß gemacht.

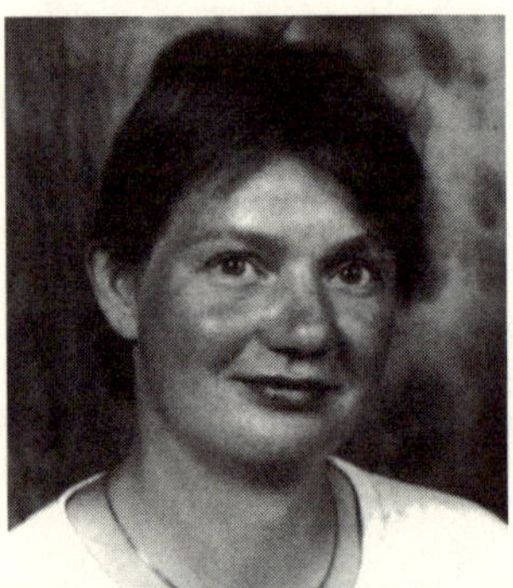

Christian Döring lebt in Gottberg in der Nähe von Berlin. Er ist Vater von zwei Töchtern und zwei Söhnen. Seine Frau arbeitet als Katechetin jeden Tag mit Kindern.

Wenn er sich nicht gerade um seine Kinder kümmert, Mittagessen kocht oder die Knöpfe der Waschmaschine drückt, dann ist er auf dem großen Hof bei seinem Hund, seiner Katze, den Hühnern oder Puten zu finden.

Hat er dann noch Zeit, sitzt er gerne am Schreibtisch und denkt sich Gedichte oder Geschichten für kleine und große Leute aus.

Er hat mit viel Freude 50 Geschichten dieses Buches geschrieben.

01

Bibel

Psalm 102, 28

Du aber bleibst ein und derselbe, du wirst immer und ewig leben.

"Opa, schau mal", ruft Hauke, "da liegt ein riesiger gefällter Baum!" Hauke streicht vorsichtig über die glatte Fläche am unteren Ende des Baumes. "Opa, der Baum hat ja ganz viele Ringe", sagt er erstaunt. "Das sind Jahresringe. Wenn der Baum wächst, bekommt er jedes Jahr einen Ring dazu. Wenn du die Ringe zählst, findest du heraus, wie alt der Baum ist."

Hauke überlegt. "Wenn ich ein Baum wäre, hätte ich fünf Ringe. Opa, wie viel Ringe hättest du?"

Der lacht. "Ich hätte fast 70." "Das ist aber 'ne Menge", staunt Hauke.

"Was hast du denn gemacht, als du 5 Ringe hattest – so wie ich jetzt?", fragt Hauke. "Da musste ich mit aufs Feld, Rüben hacken und Kartoffeln lesen. Manchmal musste ich auch auf unsere drei Ziegen aufpassen."

"Wie alt war Gott denn, als du Ziegen gehütet hast?" Der Großvater schmunzelt. "Das ist ja das Tolle an Gott, seine Jahresringe hören niemals auf. Er ist immer derselbe, heute und früher, als ich ein kleiner Junge war."

Male auf dem Stück Holz mit Jahresringen so viele Ringe aus, wie du schon Jahre lebst!

02

Bibel

Jesaja 43, 1

Hab keine Angst, denn ich habe dich erlöst!
Ich habe dich bei deinem Namen gerufen,
du gehörst zu mir.

"Dorothea, Essen ist fertig!" Die ganze Familie sitzt am Tisch, nur Doro fehlt.

"Hat sie keinen Hunger?", wundert sich die Mutter. "Doch", meldet sich Benedikt zu Wort. "Sie hat nur einen anderen Namen. Sie heißt jetzt Sabine." Mutter geht ins Kinderzimmer. "Komm zum Essen, Doro."

"Mein Name ist doof, so heiße ich jetzt nicht

mehr!", bekommt sie trotzig zur Antwort. Mutter setzt sich zu ihrer Tochter aufs Bett. "Weißt du eigentlich, was dein Name bedeutet? Wir haben sehr lange auf dich gewartet und als du endlich geboren wurdest, haben wir dich Dorothea genannt. Das bedeutet: Gottes Gabe. Du bist Gottes Geschenk an uns.
Gott liebt dich und ruft dich bei deinem Namen. Ist das nicht toll?"

Dorothea denkt eine Weile nach: "Na, wenn das so ist, werde ich versuchen mich an diesen Namen zu gewöhnen."

Lass dir aus einem Namensbuch die Bedeutung deines Namens vorlesen.

03

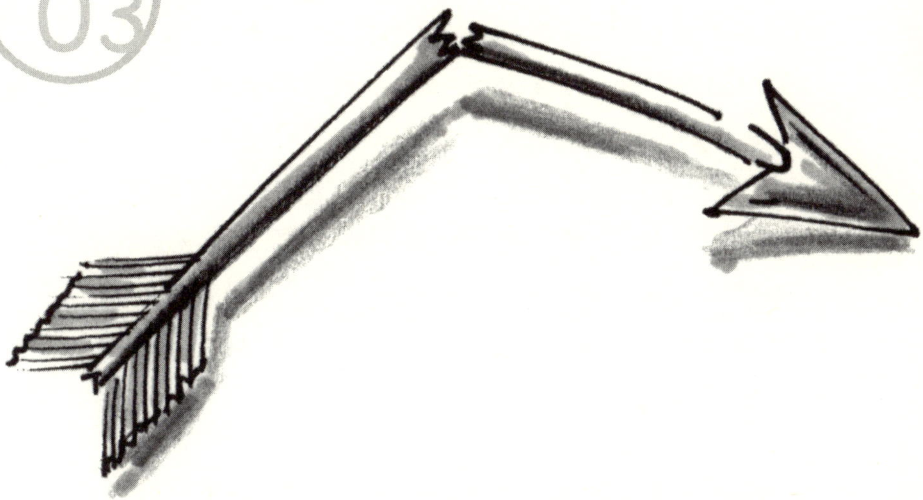

Römer 12, 18

So weit es irgend möglich ist und von euch abhängt, lebt mit allen Menschen in Frieden.

Michael wirft sich auf die Erde. "Mist, fast hätte ich den Ball gehalten."

Er steht auf und sieht einen Jungen am Spielfeldrand stehen. "Hey, du, glotz nicht so blöd!", fährt er ihn an. Der Junge schaut noch eine Weile zu, dann geht er.
"Kennst du den? Vielleicht will er ja mitspielen."

"Ach, der kann ja noch nicht mal richtig Deutsch", antwortet Michael.

Am nächsten Tag steht er wieder auf der Wiese. "Der geht mir langsam auf den Wecker", knurrt Michael. Aber Stefan hört nicht auf ihn. "Hallo, ich bin Stefan. Wie heißt du?" "Murat", antwortet der Junge. "Spielst du Fußball?", fragt Stefan weiter. Murat nickt.

"Was soll das jetzt?", schimpft Michael. "Siehst du doch. Zu dritt macht es mehr Spaß. Außerdem ist es gemein, andere nicht mitspielen zu lassen – oder?"

Da hat Stefan allerdings recht, denkt Michael. Wenn er selbst nicht mitspielen darf, findet Michael das total doof.

Sie bolzen den ganzen Nachmittag. Als sie nach Hause gehen, strahlt Murat über das ganze Gesicht. "Das hat echt Spaß gemacht!"

Male ein Bild, wie du dir eine friedliche Welt vorstellst!

04

Psalm 37, 5

Vertrau dich dem Herrn an und sorge dich nicht um deine Zukunft! Überlass sie Gott, er wird es richtig machen.

Sina macht mit ihren Eltern einen Spaziergang im Schnee.

Die ersten Flocken fallen. Es wird dunkler und schneit immer dichter. Bald laufen die drei durch dichtes Schneegestöber. "Papa, ist es noch weit bis zum Auto?", fragt Sina ein bisschen zaghaft. Papa macht ein ernstes Gesicht. "Ich finde den Weg nicht mehr. Ich glaube, wir haben uns verlaufen."

Mit gesenkten Köpfen stapfen die drei schweigend durch den Schnee. Sina hält Mamas Hand. Da entdeckt sie plötzlich etwas.

"Mama, schau mal. Da sind Spuren im Schnee." "Das sind ja unsere Spuren!", ruft Papa. "Seht ihr, da ist mein kaputter Absatz! Wenn wir uns beeilen, laufen wir auf unseren Spuren zurück, bevor der Schnee alle verweht hat."

Als sie wieder im Auto sitzen, seufzt Sina erleichtert auf. "Ich habe zu Gott gebetet, dass er uns einen Wegweiser schickt."

"Manchmal ist es schwer, den richtigen Weg zu erkennen. Aber wenn wir Gott vertrauen, lässt er uns nicht im Stich. Er führt uns", antwortet Mama.

Wie findet das Kind wieder zur Mutter?

05

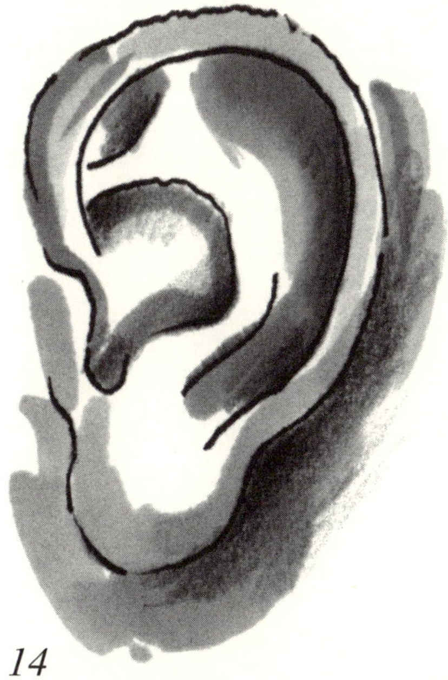

Matthäus 19, 14

Lasst die Kinder zu mir kommen und hindert sie nicht, denn für Menschen wie sie ist das Reich Gottes bestimmt.

Was ist denn da hinten los? Warum drängeln die Leute so? Mirjam zieht ihre Mutter mit sich. Auf dem Marktplatz steht ein Mann. Jeder will ihn sehen, ihn anfassen.

"Das ist Jesus, der Sohn Gottes", flüstert die Mutter. "Toll", sagt Mirjam, "ich will zu ihm." "Vielleicht segnet er meine Tochter", denkt die Mutter.

Aber als sie fast bei Jesus sind, wird Mirjam festgehalten. Sie schaut in das ernste Gesicht eines Mannes. "Ich möchte zu Jesus", flüstert Mirjam leise. "Du siehst doch, dass der Herr beschäftigt ist und für Kinder keine Zeit hat", herrscht der Mann sie an. Mirjams Mutter will sie wegziehen, aber da sieht Jesus zu ihr herüber. "Komm zu mir", sagt er zu Mirjam und nimmt ihre Hand. Er sieht die Menschen an, die ihn umringen.

"Lasst die Kinder zu mir kommen und hindert sie nicht daran. Denn gerade für die Kinder steht Gottes neue Welt offen."

Jesus legt Mirjam die Hände auf den Kopf und spricht ein Gebet für sie.

Es kommen noch mehr Kinder und Jesus segnet sie alle.

"Jesus hat mich gehört", denkt Mirjam, "er ist für uns Kinder da!"

Lied: Ja, Gott hat alle Kinder lieb ...

Ja, Gott hat alle Kinder lieb

Ja, Gott hat alle Kinder lieb
Text und Musik: Margret Birkenfeld

06

Bibel

Lukas 19, 10

Der Menschensohn ist gekommen, Verlorene zu suchen und zu retten.

Zachäus ist klein. Zachäus ist reich und nicht sehr beliebt. Die Leute mögen ihn nicht, weil er sie betrügt.

Eines Tages kommt Jesus in die Stadt, in der Zachäus wohnt. Ist das ein Gedränge! Jeder will Jesus zuhören, doch niemand will Zachäus durchlassen.

Aber der kleine Mann ist nicht dumm. Er klettert auf einen Baum. Nun kann er alles überblicken. Als Jesus vorbeikommt, schaut er hoch und sieht Zachäus an.

"Zachäus, komm herunter, ich will heute dein Gast sein!" Die Leute fangen an zu schimpfen: "Den willst du besuchen, Herr? Das ist doch ein ganz schlechter Mensch!"

Zachäus steigt schnell vom Baum herunter und lädt Jesus in sein Haus ein.
"Ich werde mein Leben ändern", sagt Zachäus zu Jesus. "Wo ich betrogen habe, will ich es wieder gutmachen."

Jesus hat Zachäus angenommen, wie er ist.
So schmilzt das harte Herz des Zachäus wie ein Eiszapfen in der Sonne.

Beobachte, wie die warme Sonne einen Eiszapfen zum Schmelzen bringen kann. Du kannst, wenn keine Eiszapfen zu finden sind, auch Eiswürfel aus dem Kühlschrank in die Sonne legen und beobachten.

07

Johannes 17, 3

Das allein ist ewiges Leben: Dich, den einen wahren Gott, zu erkennen und an Jesus Christus zu glauben, den du gesandt hast.

"Papaaaa? Wie viele Fische hat Petrus gefangen?"

Papa raschelt mit der Zeitung. "Ein ganzes Netz voll, glaube ich."
"Und warum ist Jesus nicht abgehauen, als sie ihn verhaften wollten?" "Gott wollte das nicht und Jesus war gehorsam", nuschelt der Vater hinter seiner Zeitung hervor. "Wird man auch älter, wenn man ewig lebt?" Papa faltet seine Zeitung zusammen. "Du kannst einen ganz schön nerven mit deinen Fragen", sagt Papa, aber er lächelt dabei. "Ich werde versuchen dir zu antworten."

Abends liegt Tim im Bett. "Mama? Viele meiner Fragen könnt ihr nicht beantworten!" "Das stimmt", schmunzelt Mama. "Aber Gott kannst du alles fragen, wenn du betest. Gott lässt sich mit der Antwort manchmal Zeit. Aber ich habe schon oft erlebt, wie mir plötzlich ganz tolle Gedanken gekommen sind. Ich glaube, die schickt mir Gott. Und so redet er mit uns. Er hilft uns ihn zu erkennen, wie durch eine Brille, durch die wir besser sehen können."

Suchbild: Der kleine Vogel sucht seinen Freund, das Nilpferd. Kannst du ihn finden?

... und so sieht das Nilpferd aus!

08

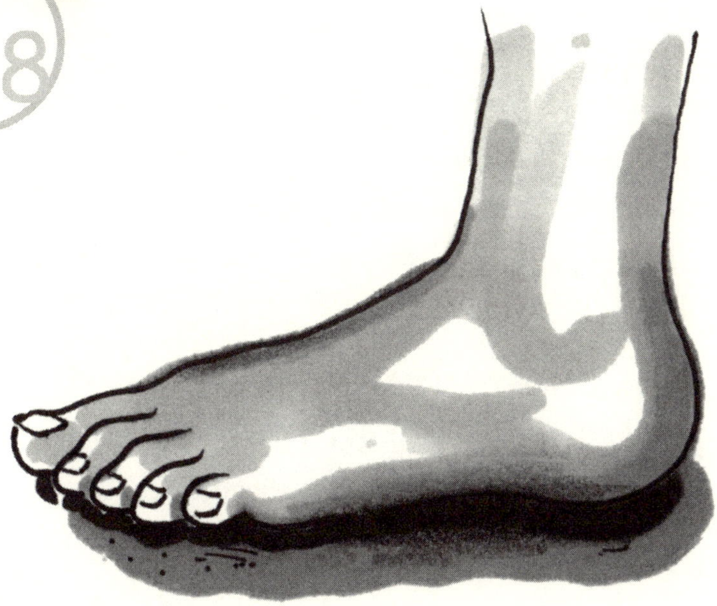

Psalm 119, 105

Dein Wort ist wie ein Licht in der Nacht, das meinen Weg erleuchtet.

"Hey, Felix, kommst du am Sonntagmorgen mit zum Fußballplatz?", ruft Robin von der Rutsche herunter. "Nein, geht nicht", antwortet Felix leise. "Warum denn nicht?", fragt Robin und saust die Rutsche runter. "Am Sonntag gehe ich mit meinen Eltern in die Gemeinde." "Ehrlich?", fragt Robin erstaunt. "Mein Vater sagt, das mit der Kirche ist alles Quatsch. Da ist es doch stinklangweilig, oder?"

Felix lacht: "Nö, ich gehe eigentlich ganz gerne hin. Kindergottesdienst macht Spaß. Am liebsten höre ich die spannenden Geschichten aus der Bibel."

"Wie, Gottesdienst extra für Kinder? Was sind denn das so für Geschichten?", fragt Robin neugierig. "Och, so Geschichten halt." Felix macht es spannend. "Kannst ja mal mitkommen, wenn du sonntags mal nicht auf den Fußballplatz musst."

Felix grinst. Robin grinst zurück: "Ich gehe mit dir zu deinem Geschichtendienst. Und du kommst mit zum Fußballspiel, wenn es mal nachmittags ist, einverstanden?!"

Stelle deinen nackten Fuß auf ein Blatt Papier und male die Umrisse nach!

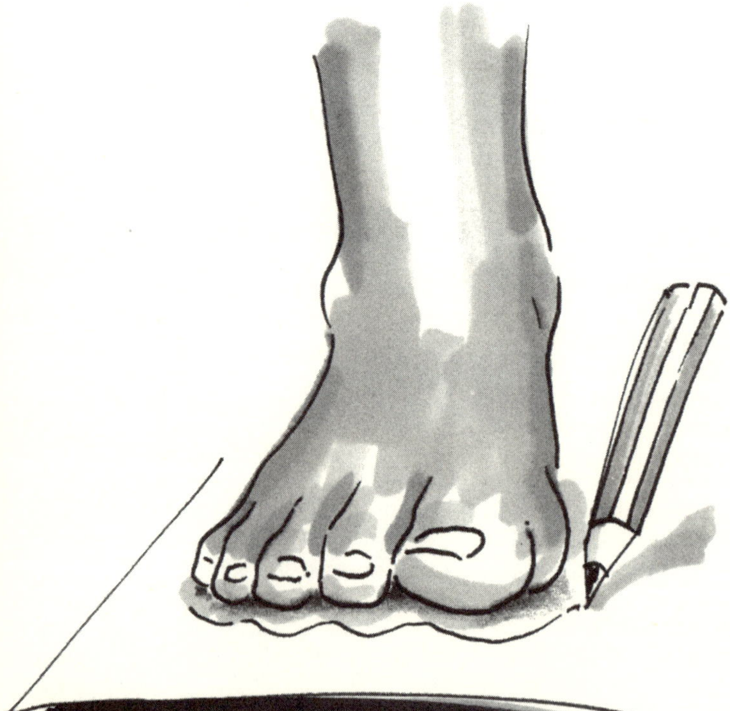

09

Jeremia 15, 16

Ja, dein Wort ist meine Freude und mein Glück, denn ich gehöre dir, Herr, allmächtiger Gott.

Robin ist aufgeregt. Heute geht er zum ersten Mal mit in den Kindergottesdienst. Sein Freund Felix hat ihm von den spannenden Geschichten erzählt, die man hier zu hören bekommt. Ein Mann erzählt den Kindern die Geschichte von einem kleinen Jungen, der gegen einen riesengroßen Soldaten kämpft. Und das Tollste daran ist, der Junge gewinnt und besiegt den Soldaten. Der Junge hieß David und konnte gut mit einer Zwille schießen.

"Wollt ihr euch auch eine Zwille basteln?", fragt der Mann die Kinder. Ein großes Geschrei entsteht, denn natürlich wollen sie das.

Jeder bekommt ein Gummiband und ein Stückchen Papier, das sie falten müssen. Nun geht es los! Um die Wette versuchen die Kinder ihre Papierschnipsel in einen Eimer zu schießen.

"Mensch, Felix!", sagt Robin atemlos, als sie nach Hause gehen, "dieser Kindergottesdienst ist echt klasse!"

Kennst du die Geschichte, die Felix und Robin gehört haben?

Hast du eine Lieblingsgeschichte in der Bibel? Erzähle sie jemandem!

10

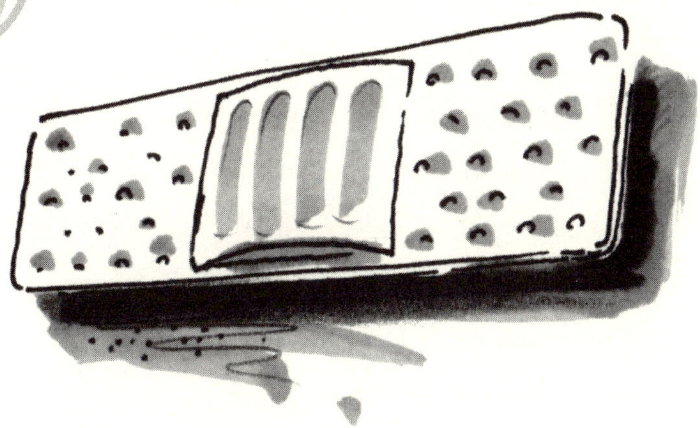

Bibel

Jesaja 66, 13

Ich will euch trösten wie eine Mutter ihr Kind.

Steffi und Anne probieren ihre neuen Roller aus. Sie sausen los, dass die Haare nur so fliegen. Das macht Spaß. Sie fahren auf dem leeren Parkplatz um die Kurve.

Doch da liegt ein kleines Stöckchen auf dem Weg. Der Roller stoppt plötzlich und Steffi fällt hin.

"Au!", schreit sie. Als Anne ankommt, sieht sie schon das Blut, das durch das Loch in der Strumpfhose quillt. Steffi weint dicke Tränen und hält sich das Bein.

"Ich kann nicht aufstehen, es tut so weh." "Ich hole deine Mutter", ruft Anne und fährt los.

Endlich ist Mama da. Sie nimmt Steffi in die Arme und streichelt sie. Als sie nicht mehr weint, hilft Mama ihr beim Gehen. "Zu Hause mache ich die Wunde sauber und klebe dir ein superbuntes Kinderpflaster drauf. Danach koche ich euch beiden Kakao und spendiere ein paar Kekse." Steffi ist froh, dass Mama da ist und sie tröstet.

Male deiner Mutter ein Bild als Dank dafür, dass sie für dich da ist!

11

Bibel

Lukas 5, 22

Jesus durchschaute sie und fragte: "Was habt ihr da für Gedanken?"

Der kleine Prinz ist traurig. Sein Lieblingspony ist krank. Der Stallknecht pflegt es, aber es wird nicht besser mit ihm. Heute Abend ist das große Kostümfest. Der ganze Hofstaat wird kommen. Aber der kleine Prinz ist traurig.

Er zieht sein Kostüm an und setzt eine lustige Maske auf. Jetzt kann niemand meine Tränen sehen, denkt der kleine Prinz.

Auf dem Fest tanzen alle fröhlich, nur der kleine Prinz steht abseits. Da hört er plötzlich ein leises

Stimmchen. "Majestät, warum seid Ihr so traurig?" Der kleine Prinz sieht sich um. Neben ihm steht die kleine Tochter des Stallknechts.

Dicke Tränen rollen unter der Clownsmaske hervor.

"Ich kann hinter Eure Maske sehen", flüstert das Mädchen. Ein Lächeln zeigt sich auf ihrem Gesicht. "Mein Vater schickt mich, Ihr sollt zum Stall kommen, da wartet jemand auf Euch." Dann ist sie verschwunden.

Der kleine Prinz streift die Maske ab und rennt zum Stall, so schnell er kann. Dort findet er sein Pony, das ihn schon fröhlich anstupst. Der Stallknecht legt dem kleinen Prinzen die Hand auf die Schulter. "Auch Gott schaut hinter unsere Masken, er kennt uns, wie wir wirklich sind."

Lege ein Blatt Papier auf die Maske, male sie ab und schneide sie dann aus! Diese Schablone kannst du dann auch auf eine feste Pappe legen, ummalen, ausschneiden und gestalten.

12

Psalm 118, 5

In auswegloser Lage schrie ich zum Herrn: Hilf mir! Er holte mich aus der Bedrängnis heraus und schenkte mir Freiheit.

Toll! Heute geht die große Reise los. Timo und Papa wollen nach München fahren und die Oma besuchen. München ist mächtig weit weg und Timo ist ganz aufgeregt. Sie schleppen den großen Koffer zusammen auf den Bahnsteig. Puh! Das wäre geschafft.

"Ich muss noch die Fahrkarten kaufen", sagt Papa. "Setz dich auf den Koffer und warte auf mich."

Timo sieht, wie Papa sich am Schalter anstellt. Papa wird immer kleiner, je weiter er in der Schlange vorrückt. "Was passiert, wenn Papa nicht mehr zurückkommt?", denkt Timo plötzlich. Ihm wird dabei ganz flau im Magen. Oder wenn Papa den richtigen Bahnsteig nicht mehr findet und ohne Timo nach München fährt? Das flaue Gefühl im Magen wird zur Angst. "Bitte, bitte, Papa, komm wieder!", flüstert Timo und schluckt den Kloß im Hals runter.

Ein Mann kommt auf Timo zu. Der sieht ja fast wie Papa aus. Der Mann wird immer größer und plötzlich steht Papa lachend vor Timo.

"Was machst du denn für ein Gesicht?", fragt er. Er nimmt Timo an der Hand und sie steigen zusammen in den Zug.

***Male eine Situation,
in der du Angst hattest.***

13

Psalm 104, 24

Herr, welch unermessliche Vielfalt zeigen deine Werke! Sie sind alle Zeugen deiner Weisheit, die ganze Erde ist voll von deinen Geschöpfen!

"Juchu!", wispert das Schneeglöckchen, "endlich ist es so weit!" Es schüttelt vorsichtig seine kleinen weißen Glöckchen. Eben hat es die dunkle Erde verlassen und die Nasenspitze der Sonne entgegengestreckt. "Ich hatte vergessen, wie schön es hier draußen ist", seufzt die kleine Blume. Ein bisschen müde ist sie schon noch vom Winterschlaf in der braunen Erde. Aber es gibt so viel Neues zu entdecken an diesem ersten Frühlingstag. Bald werden auch die anderen Blumen ihr Winterquartier verlassen und der wärmenden Sonne entgegenwachsen.

Sie kennen sich alle vom letzten Jahr. Auf der Wiese sind Farbtupfer, es sind weiße und lila Krokusse. Dann lassen auch die fröhlichen Narzissen und Osterglocken nicht mehr lange auf sich warten. Hei, und erst die würdigen Tulpen mit ihren großen Blüten. Ganz zu schweigen von den Tieren, die sich bald überall im Garten tummeln werden. Das Schneeglöckchen ist glücklich.

"Gott, mein Schöpfer", sagt es, "ich danke dir, dass du alles so wunderbar gemacht hast – und ich bin ein Teil davon."

Geh nach draußen: Was hat sich in der letzten Woche in der Natur verändert?

14

Matthäus 18, 20

Wo zwei oder drei in meinem Namen zusammenkommen, bin ich in ihrer Mitte.

Max spielt auf dem Kirchhof. Zwischendurch setzt er sich ins Gras und sieht sich aufmerksam die Kirche an. "Die ist ja ganz schön groß", denkt er sich. "Aber reingehen tun sonntags immer nur wenige Leute." Das ist ihm schon aufgefallen. Zu Hause erzählt er seiner Mutter von der großen Kirche und den wenigen Besuchern. Sie denkt nach, und dann sagt sie zu Max: "Wir haben ein ziemlich großes Haus, stimmt's? Jetzt stell dir mal vor, keiner würde darin wohnen! Das wäre doch traurig für das Haus, oder? Aber auch, wenn wir nicht so ein schönes Haus hätten, wären wir doch eine Familie. Siehst du, und so ist das auch mit der Kirche: Christen, die zusammen beten, singen und Gottes Wort hören, freuen sich an einer schönen Kirche, aber sie brauchen sie nicht. Denn Jesus hat gesagt: ‚Wenn nur ein paar Menschen gemeinsam zu mir beten, bin ich bei ihnen, dann sind wir eine Familie.'"

Max hat verstanden: Das Gebäude ist nicht wichtig, sondern dass die Menschen da drin zusammengehören und Jesus bei ihnen ist.

Schau dir eure Kirche mal genau an! Dann male sie auf ein Blatt Papier und auch die Menschen, die gemeinsam in ihr Gottesdienst feiern.

15

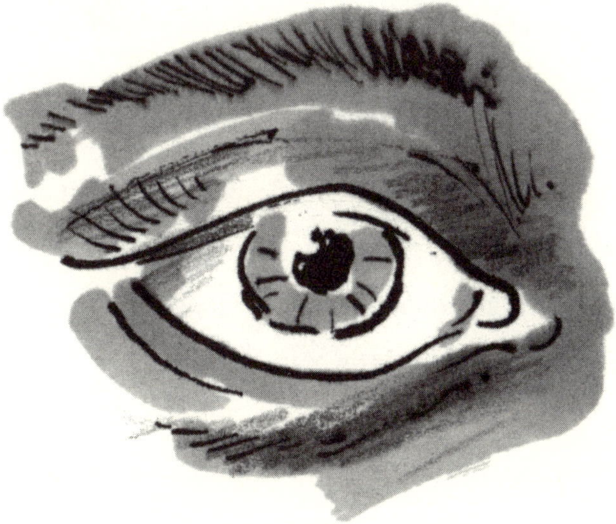

Apostelgeschichte 9, 18

Im selben Moment fiel es Saulus wie Schuppen von den Augen und er konnte wieder sehen.

Saulus ist wütend. Überall sind diese Christen und Saulus kann sie überhaupt nicht leiden. Wo er diese Menschen findet, sorgt er dafür, dass sie eingesperrt werden. "Diese Christen sollen verschwinden", denkt er bei sich.

Saulus ist auf einer Straße unterwegs. Plötzlich passiert etwas Merkwürdiges! Auf einmal scheint ein ganz helles Licht. Saulus schließt die Augen. Er hört eine Stimme: "Saulus, warum verfolgst du mich?" Er hat furchtbare Angst.

"Wer bist du?", fragt Saulus vorsichtig. Die Stimme antwortet: "Ich bin Jesus!" Als Saulus die Augen öffnet, kann er nichts mehr sehen. Er ist hilflos wie ein kleines Kind und seine Freunde müssen ihn führen. Das ist schlimm für Saulus.

Aber Jesus hat Mitleid mit Saulus. Er schickt einen Mann zu Saulus. Hananias sagt zu Saulus: "Jesus hat mich geschickt, damit du wieder sehen kannst. Jesus möchte, dass du sein Freund wirst."

Im selben Augenblick fällt es Saulus wie Schuppen von den Augen und er kann wieder sehen. Saulus wird Jesu Freund. Seitdem nennt er sich Paulus und erzählt von da an den Menschen von Jesus.

Spiel: Ich sehe was, was du nicht siehst!

16

Bibel

Markus 10, 15

Wer nicht wie ein kleines Kind voller Vertrauen zu Gott kommt, dem bleibt das Reich Gottes verschlossen.

"Puh, ist das aber schwer", stöhnt Liane. "Was denn?", fragt Mama, die sich gerade die Schuhe auszieht. "Ein Christ zu sein", antwortet Liane. "Stimmt doch gar nicht", entgegnet Lianes kleine Schwester Elena. "Es ist viel schwerer ein Kind zu sein", verkündet Elena bestimmt. "Nie darf ich tun, was ich will! Alles ist verboten, immer muss ich fragen!" Elena ist entrüstet. Mama muss ein bisschen lächeln. "Du kommst manchmal auf sonderbare Ideen. Da muss ich schon ein bisschen aufpassen, was du tust."

Liane grübelt und legt ihre Stirn in Falten. "Kind sein und Christ, das ist ja ganz unmöglich!"

"Ihr werdet euch wundern", sagt Mama. "Es gibt in der Bibel eine Geschichte, da stellt Jesus ein Kind in die Mitte von Erwachsenen. Das waren alles schlaue Leute. Er sagt, dass die Leute sich die Kinder zum Vorbild nehmen sollen. Wir Erwachsenen sollen seine Liebe annehmen, so wie ein Kind das tut. Wir können von euch Kindern lernen."

"Toll, Mama, ich werde dich bei Gelegenheit mal daran erinnern!", ruft Elena fröhlich.

Lass dir einen Jugendstreich deiner Eltern erzählen.

17

Matthäus 5, 45

Denn er lässt seine Sonne für die Bösen wie für die Guten scheinen, und er lässt es regnen für Fromme und Gottlose.

"So ein blöder Kerl." Hendrik ist ziemlich wütend, als er aus dem Kindergarten kommt. Sebastian hat seine Burg in der Bauecke kaputt gemacht und bei Frau Strauch so getan, als wäre es ohne Absicht passiert. Aber Hendrik hat genau gesehen, dass er es extra gemacht und dazu noch doof gegrinst hat.

Beim Mittagessen stochert Hendrik in seinen Kartoffeln herum. "Mami, Gott ist doch nur für die guten Leute da – oder?" Mutter ist erstaunt.

"Nein, eigentlich ist Gott für alle Menschen da. Wir müssen selbst entscheiden, ob wir das Angebot annehmen oder nicht." "Aber der Sebastian gehört zu den bösen Leuten und ich finde, den sollte Gott links liegen lassen." "Aha, und dich zählst du zu den guten Leuten?", fragt Mama. "Na ja, nicht immer", gibt Hendrik zu. "Ich glaube, wir können es Gott getrost überlassen, zu entscheiden, wer gut und wer böse ist. Bis dahin scheint seine Sonne für alle Menschen. Einverstanden?!"

Pflanze einige Sonnenblumenkerne in einen Topf. Später kannst du sie in den Garten pflanzen und beobachten, wie sie wachsen und blühen.

18

Bibel

1. Mose 8, 22

Solange die Erde besteht, soll es immer Saat und Ernte, Kälte und Hitze, Sommer und Winter, Tag und Nacht geben.

Der kleine Regenwurm liegt gemütlich in seinem Tunnel und freut sich, dass die Erde von der warmen Sonne beschienen wird. Aber was sind das für Geräusche? Oh, da kommt wieder der große Mensch mit seinem Spaten. Diesmal hat er noch einen kleinen Menschen dabei. Kräftig stößt der Große den schweren Spaten in die Erde. Der kleine Regenwurm rutscht ein wenig tiefer. Jetzt will der Kleine auch mal graben. Er ächzt, stöhnt und schwitzt. Gar nicht so einfach, diese ganze

Umgraberei, denkt der kleine Regenwurm. Aber er ist froh, dass die Menschen das immer wieder tun. Es stört zwar seine Ruhe, aber der Erde tut es gut. Danach ist sie schön locker und das hat der kleine Regenwurm gern. Salat und Gemüse wachsen dann so richtig kräftig und der kleine Regenwurm fühlt sich rundum wohl.

Der kleine Mensch hat aufgehört zu graben und reicht den Spaten an den großen Menschen weiter. Dieser legt jetzt so richtig los. Aber am Ende hat auch der Große ein rotes Gesicht und der Schweiß läuft ihm über das Gesicht, als er das ganze Beet umgegraben hat. Der kleine Regenwurm schaut aus der Erde und winkt den Menschen zum Dank fröhlich zu.

Ob sie es wohl bemerkt haben?

Male dazu ein Bild!

19

1. Mose 9, 14-15

Wenn der Regenbogen in den Wolken erscheint, dann werde ich an meinen Bund denken, den ich mit euch und den anderen Lebewesen geschlossen habe: Nie wieder eine Wasserflut.

Es donnert und kracht. Lisa schaut aus dem Fenster. Dicke Regentropfen klatschen an die Scheibe. "Papa, was passiert, wenn es nicht mehr aufhört zu regnen und die ganze Welt im Wasser versinkt?" Lisa klingt ein bisschen ängstlich. "Bekommen wir dann Schwimmhäute zwischen den Zehen?"

Doch plötzlich lässt der Regen nach und es wird wieder heller. Da bricht tatsächlich die Sonne durch die Wolken. "Papa, Papa, komm schnell her, das musst du dir ansehen!", ruft Lisa ganz aufgeregt. Papa tritt ans Fenster. "Fantastisch", sagt Papa, "da hat Gott aber wirklich einen tollen Regenbogen aufgespannt." Eine riesige, glitzernde, bunte Brücke hängt am Himmel.

"Gott hat uns versprochen, nie wieder eine Flut zu schicken wie in der Geschichte von der Arche Noah. Der Regenbogen ist das Zeichen, dass Gott an sein Versprechen denkt", erklärt Papa und putzt seine Brille.

Reiße Buntpapier in kleine Stückchen und klebe daraus einen Regenbogen auf ein Blatt Papier.

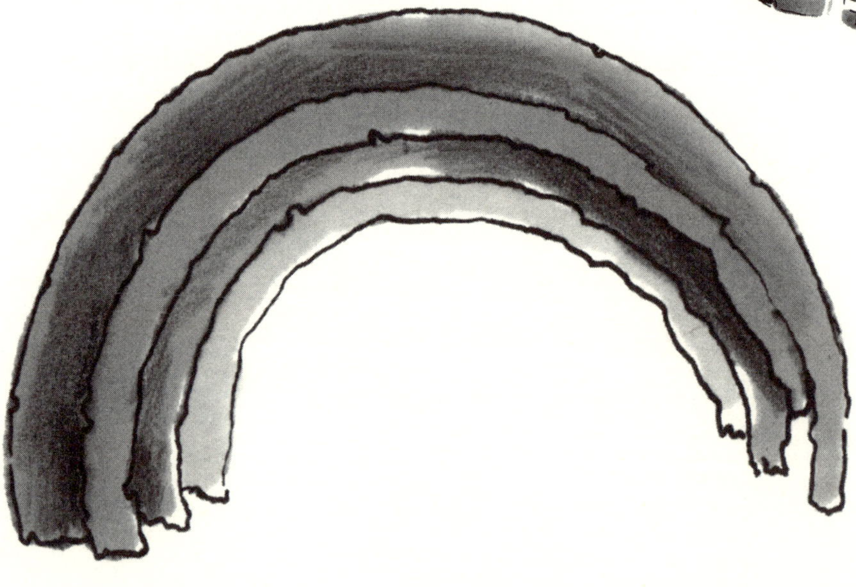

20

Bibel

Matthäus 5, 13

Ihr seid das Salz, das die Welt vor dem Verderben bewahrt!

Es ist Sonntag Mittag. Die Familie sitzt am Tisch. "Wie war es denn im Kindergottesdienst?", fragt Mutter. Florian macht ein missmutiges Gesicht. "Genauso langweilig wie deine Kartoffeln, es waren nämlich nur drei Kinder da." "Wieso sind die Kartoffeln langweilig?", wundert sich Britta. Sie probiert und verzieht das Gesicht. "Iiiih, die schmecken ja nach gar nichts." Mama lacht. "Ich glaube, ich habe heute mal das Salz vergessen."

"Da fällt mir eine Geschichte vom Salz ein", sagt Papa und greift zum Salzstreuer.

"So wichtig, wie Salz für das Essen ist, so wichtig sind die Christen für die Welt", sagt Jesus. "Auch ihr drei kleinen Salzkörnchen im Kindergottesdienst seid wichtig. Es genügen schon ein paar Körner Salz, damit meine Kartoffeln so richtig gut schmecken. Und es genügen drei Kinder im Kindergottesdienst um Gott zu ehren."

Lied: Wo zwei oder drei ...

Text: nach Matthäus 18,20
Melodie: Kommunität Gnadenthal
Kanon für zwei Stimmen

21

Bibel

Psalm 100, 4

Geht durch die Tempeltore ein mit Dank!

"Ach", ächzt die alte Kirchentür, "das Wetter macht mir heute ein bisschen zu schaffen." Ihre Freundin, die Amsel ist vorbeigekommen und die beiden plaudern gern ein wenig. "Du könntest wirklich mal wieder einen neuen Anstrich gebrauchen", krächzt die Amsel, "dann würde dir das Wetter nicht mehr so viel ausmachen."

Die Kirchentür seufzt. "Ich kann mich noch an meinen letzten Anstrich erinnern. Ich war so wunderschön, dass die Leute stehen geblieben sind und mich bewundert haben. Aber noch schöner ist es, wenn meine Torflügel weit offen stehen und die Menschen in die Kirche eintreten. Dann wird mir ganz warm vor lauter Glück. Es wird gesungen, gebetet und Gott, der Herr, wird gelobt." Amsel und Kirchentür schweigen und jeder hängt seinen Gedanken nach. Plötzlich knarrt es. Jemand hat die Tür einen Spaltbreit geöffnet und ist in die Kirche gehuscht. Die Kirchentür lächelt. "Ich freue mich über jeden, der eintritt um Gott zu begegnen."

Versuche, eine Kirchentür zu malen.

22

Bibel

Galater 3, 26

Denn durch den Glauben an Jesus Christus seid ihr nun alle zu Kindern Gottes geworden.

"Du hast keinen Namen! Du hast keinen Namen!", ruft Franziska.
"Hab ich doch!", antwortet Carolin. "Du weißt, dass ich Carolin heiße."
"Aber du bist nicht getauft, also hast du auch keinen Namen!", schreit Franziska und streckt ihrer Freundin die Zunge raus. Sie dreht sich um und rennt weg. Carolin laufen die Tränen über das Gesicht. So gemein war ihre Freundin noch nie.

"Was ist los?", fragt Carolins Mutter, als sie nach Hause kommt. Mama sieht es ihrer Tochter an der Nasenspitze an, dass etwas nicht stimmt.

"Weil ich nicht getauft bin, behauptet Franziska, dass ich keinen Namen hätte", platzt Carolin heraus. Mutter überlegt einen Moment. "Wir haben die Taufe für dich aufgehoben, bis du selber entscheiden kannst, ob du zu Jesus gehören willst. Der Pfarrer tauft dich im Namen des Vaters, Gottes, des Sohnes, Jesus', und des Heiligen Geistes. Aber Gott kennt alle Kinder, auch ihren Namen, ganz gleich, ob sie getauft sind oder nicht. Deinen wunderschönen Namen haben Papa und ich dir gegeben."

Kennst du jemanden, der an Jesus glaubt? Frag ihn, ob er getauft ist!

23

2. Mose 20, 8

Achte den Sonntag als einen Tag, der mir allein geweiht ist!

Sandra darf bei ihrer Freundin Grit schlafen. Am Sonntagmorgen gehen sie mit der ganzen Familie in den Gottesdienst. Grits Familie gehört zur russisch-orthodoxen Kirche. Sandra staunt. Alles ist ganz feierlich. Es gibt viele Kerzen und prächtige Gewänder. Sandra ist beeindruckt, als sie die Kirche wieder verlassen. "Toll", sagt sie, "es ist ganz anders als bei uns im Gottesdienst. Besonders gut haben mir die vielen Kerzen gefallen."

Als sie nach Hause kommen, zündet Grits Mutter ein Kerze an. "Wir feiern jeden Sonntag Auferstehung. Daran erinnert uns die Kerze."

Frag deine Eltern, ob ihr ab sofort am Sonntagmorgen eine Kerze anzünden könnt. Vielleicht darfst du die Kerze auch mit Kerzenwachs verzieren.

24

Bibel

1. Thessalonicher 5, 24

Gott hat euch das ja zugesagt: Er ist treu, und was er verspricht, das hält er auch.

"Schon wieder!", grummelt Florian und zieht sich die Bettdecke über die Ohren. "Muss das denn so laut sein?" Eigentlich gefallen ihm die Ferien hier in den Bergen ganz gut. Wenn nur das Gebimmel am frühen Morgen nicht wäre ... Missmutig sitzt Florian beim Frühstück. "Welche Laus ist dir denn über die Leber gelaufen, Bub?", fragt Frau Huber, die freundliche Wirtin.

"Ach," mault Florian, "immer, wenn ich gerade so schön träume, werde ich von diesen ollen Glocken geweckt. Warum läuten die überhaupt dauernd?"

Frau Huber lacht. "Na, damit du nicht zu spät kommst." "Wohin zu spät?", wundert sich Florian.

"Die Glocken rufen zum Gottesdienst, zum Gebet und zum Feierabend. Das kann niemand überhören, nicht mal der Bauer auf dem Feld."

"Das stimmt," antwortet Florian. "Sind die Glocken in der Kirche groß?"

"Vielleicht können wir den Küster fragen, ob er uns die Glocken zeigt!", schlägt Papa vor. "Au ja", ruft Florian, "das wäre klasse."

Wer könnte dir in deiner Gemeinde die Glocken zeigen? Ob du das mit deinen Eltern organisieren kannst?

25

Lukas 15, 6

Freut euch mit mir! Ich habe mein Schaf wiedergefunden!

Der Hund bellt wie verrückt. Aufgeregt läuft er zwischen den Schafen hin und her, schnappt mal hier und mal da nach einem wolligen Bein. Der Schäfer steht ganz ruhig auf seinen Stock gestützt da. Er scheint ganz in Gedanken versunken.

"Du hast Recht, Hasso!", ruft er dem Hund zu. "Es fehlt tatsächlich eins, ich habe sie alle gezählt. Pass du mal schön auf die neunundneunzig anderen Schafe auf, Hasso. Ich werde das fehlende Schaf suchen."

Der Schäfer macht sich auf den Weg. Er geht über Stock und Stein, über Wiesen und durch Täler. Er springt über einen Bach und lässt seinen Blick schweifen. Plötzlich hört er ein leises Mäh. Unter einem dornigen Busch sitzt das Lamm und jammert kläglich. Es ist mit seinem dicken Fell in den Dornen hängen geblieben und kommt nicht mehr heraus. Der Schäfer befreit es und hebt es sich auf die Schultern. Gemeinsam gehen sie zur Schafherde zurück. Jedem, den er unterwegs trifft, ruft er zu: "Freut euch mit mir! Ich habe mein verlorenes Schaf wiedergefunden."

So freut sich auch Gott über jeden Menschen, der mit ihm ein neues Leben anfängt.

Wo gibt es die nächste Schafherde? Vielleicht kannst du dir dort neugeborene Lämmer ansehen!

26

Bibel

Psalm 115, 3

Unser Gott ist im Himmel, und alles, was er will, das tut er auch!

Tim steht vor dem Kirchturm. Einfach riesig ist der. Obendrauf ist ein Hahn aus Metall, der sogenannte "Wetterhahn", weil er die Windrichtung anzeigt.

Tim fragt seinen Opa: "Du, Opa, warum ist ein Kirchturm eigentlich so hoch?" Sein Opa sagt: "Ganz oben im Turm hängen die Glocken, die die Menschen zum Gottesdienst rufen und zu den verschiedenen Tageszeiten läuten. Damit man sie gut hört, hängen sie so hoch. Aber der Kirchturm

ist auch darum so hoch, weil er wie ein riesiger Zeigefinger sein soll: Im Himmel, dort wo wir überhaupt nicht hinschauen können, da wohnt Gott. Er ist größer als alles."
"Und warum ist ganz obendrauf ein Hahn?", fragt Tim weiter. "Den Wind könnte man doch auch anders messen." "Weißt du", antwortet sein Opa, "ein Hahn krähte, als Petrus Jesus verraten hatte. Jesus wusste das schon vorher, dass Petrus nicht zu ihm halten würde. Aber Petrus wollte nicht wahrhaben, dass er so wenig Mut hatte."
Tim begriff nun, was der Hahn auf dem riesigen Kirchturm sollte: Gott ist unendlich groß, und wir sind ganz klein und machen viele Fehler.

Warst du schon mal auf eurem Kirchturm? Vielleicht steigt ein Erwachsener mit dir hoch. Du wirst sehen: Von oben ist alles viel kleiner.

27

Bibel

Matthäus 5, 8

Glücklich sind, die ein reines Herz haben, denn sie werden Gott sehen.

Die Mutter fragt ihren Sohn Andreas: "Was wünschst du dir denn zum Geburtstag?" Es dauert nämlich nicht mehr lange. Bald ist der große Tag da: Andreas wird fünf.
Andreas überlegt: "Was wünsche ich mir?"
Er denkt nach und denkt nach. Schließlich fällt ihm etwas ein: Lego, etwas zum Basteln oder Computerspiele. Wofür soll er sich bloß entscheiden? Das ist schwer, wenn man sich was aussuchen muss. "Warum weiß ich nicht, was ich am liebsten möchte?", fragt sich Andreas.
Plötzlich fällt es ihm ein: "Weil ich all das eigentlich gar nicht brauche!"

In Wirklichkeit wünscht er sich was ganz anderes. Und das sagt er jetzt seiner Mutter: "Du Mutti, ich wünsche mir zum Geburtstag, dass du, Papi und ich immer zusammenbleiben, dass wir gesund und glücklich sind."
Die Mutter ist erstaunt über diesen Wunsch. Aber sie freut sich darüber. Andreas hat gezeigt, wie es in seinem Herzen aussieht. Denn das Herz, das ist die Stelle in uns, wo die Wünsche rauskommen. Zu seinem Geburtstag bekommt Andreas Lego. Dieser kleine Wunsch ließ sich schnell erfüllen. Um den großen Wunsch bittet er jetzt Gott immer wieder mal, besonders an seinem Geburtstag.

Zeichne ein rotes Herz auf ein Blatt Papier! Dann male hinein, was du dir ganz stark wünschst!

28

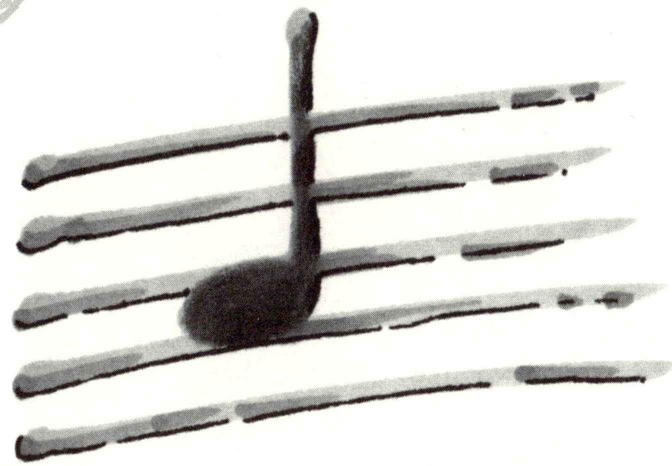

Psalm 33, 3

Singt ihm ein neues Lied!

Lena hüpft die Treppe runter. Sie singt bei jeder Stufe einen anderen Ton. Als sie zurückkommt, hüpft sie die Töne singend die Treppe rauf. Sie trifft Frau Schneider. "Hallo, Lena, du kannst aber schön singen."

Lena deckt den Tisch. Oma und Opa wollen zu Besuch kommen. Sie singt und summt dabei fröhlich vor sich hin. Es klingelt. Endlich kommen die Großeltern. Sie sind gerade von einer langen Reise aus Afrika wiedergekommen.

"Na, Lena?", fragt Opa, "singst du immer noch so gern?" Lena nickt. Als sie am Kaffeetisch sitzen, erzählt der Opa: "Wir haben in Afrika viele Gottesdienste besucht. Da singen die Leute nicht nur fröhlich und klatschen dazu, sie tanzen sogar." Lena staunt.

Opa lacht, als er ihr verdutztes Gesicht sieht. "Ja, Lena, das stimmt wirklich. Die Leute singen und klatschen und tanzen zur Ehre Gottes."

Versuch einen schönen Tanz und sing dazu ein Lied.

29

Bibel

Psalm 71, 3

Sei mir ein sicheres Zuhause, wohin ich jederzeit kommen kann! Du hast doch zugesagt, mir zu helfen; du bist mein Fels und meine Burg!

"Der blöde Sebastian hat uns schon wieder geärgert", schimpft Ben, als er aus dem Kindergarten kommt. Mama nimmt ihn in den Arm und tröstet ihn. "Was gibt es zum Mittagessen?", ruft Susanne und schleudert ihren Schulranzen in die Ecke. "Heute hast du Glück", antwortet Mama. "Es gibt dein Lieblingsessen, Spagetti mit Tomatensoße."

Susanne kaut mit vollen Backen. "Mama, du musst mir unbedingt bei den Hausaufgaben helfen."

"Bringst du mich nachher zu Tobias, wir wollen heute zusammen spielen?", ruft Ben. "Ja, mein Schatz, wenn Susannes Hausaufgaben gemacht sind." "Hast du eigentlich meine blaue Bluse schon gebügelt?", fragt Susanne, "die will ich nachher zum Konfirmandenunterricht anziehen."

Mama seufzt. Diese Rasselbande ist manchmal ganz schön anstrengend. Und Gott – sind wir für den manchmal auch ganz schön anstrengend?

Sag deiner Mutter mit einer Kleinigkeit Danke! Sie ist immer für dich da. Pflück ihr einen Wiesenblumenstrauß.

30

Bibel

Psalm 23, 4

Und geht es auch durch dunkle Täler – fürchte ich mich nicht! Denn du, Herr, bist bei mir. Du beschützest mich mit deinem Hirtenstab.

Timo geht nicht gern ins Bett. Zähne putzen dauert eine Ewigkeit. Auch den Schlafanzug kann er ziemlich langsam anziehen. Timo fürchtet sich. Wenn es abends in seinem Zimmer dunkel und still ist, verstecken sich dort unheimliche Gestalten. Wenn er so ins Dunkle starrt, sieht er sie. Manchmal bewegen sie sich sogar.

"Heute gehe ich nicht ins Bett!", verkündet er. Aber es hilft alles nichts. Papa nimmt ihn an der Hand und bringt ihn in sein Zimmer. "Warum möchtest du nicht ins Bett? Ich sehe doch, dass du müde bist!" "Ich habe Angst!", flüstert Timo, damit es die Monster nicht hören. "Ich verstehe", flüstert Papa zurück, "ich hatte früher auch Angst, wenn es dunkel war. Meine Mutter hat dann mit mir ein tolles Gegen-die-Angst-Gebet gebetet. Es steht im Psalm 23 und sagt uns, dass Gott immer bei uns ist und auf uns aufpasst:

"Und geht es auch durchs dunkle Tal – ich habe keine Angst!
Du, Herr, bist bei mir; du schützt mich und führst mich, das macht mir Mut."

Im Gebet kannst du Gott alles sagen. Auch wenn niemand dabei ist, kannst du mit ihm reden.

31

Bibel

Jona 2, 7

Aber du, Herr, mein Gott, hast mich vor dem sicheren Tod bewahrt.

Jona schließt die Augen. Das Wasser ist kalt und geht ihm bis zum Hals. "Das ist nun das Ende", denkt Jona. Er fühlt, wie er immer tiefer sinkt. "Gott, errette mich vom Tod!", ruft er zum Himmel. Gott hat Mitleid mit Jona, obwohl Jona nicht tun wollte, was Gott von ihm verlangt hatte. Der Herr schickt einen großen Fisch.

Jona gerät in einen Strudel. Er öffnet die Augen und sieht gerade noch das riesige geöffnete Fischmaul. Dann wird es dunkel um ihn und er rutscht in den Bauch des Fisches. Hier ist es nicht gerade gemütlich, aber Jona ist gerettet.

Drei Tage und Nächte überdenkt Jona seine Lage und betet zu Gott. "Herr, du hast mich gerettet", betet er. "Ich danke dir und werde tun, was du von mir verlangst. Aber mir ist schon ganz schlecht von der ständigen Schaukelei und außerdem ist es so dunkel hier!"

Wieder hat Gott Mitleid. Er schickt den Fisch in die Nähe des Landes. Dort spuckt der Fisch Jona in hohem Bogen an den Strand. Jona ist zum zweiten Mal gerettet.

Der Fisch war schon immer Erkennungszeichen für Christen. Viele haben ihn z. B. auf dem Auto. Male den Fisch aus dem Buch ab, vielleicht darfst du ihn an deiner Zimmertür befestigen.

32

Bibel

Matthäus 13, 6

Die jungen Pflanzen vertrockneten, weil die Wurzeln nicht genügend Erde hatten.

Nico hat seinen Onkel Alexander wirklich gern. Der ist lustig. Neulich haben sie lange zusammen mit Legos gespielt. Heute ist es aber ganz anders. Onkel Alexander ist zu Besuch gekommen. Nun sitzen die Großen im Wohnzimmer und reden und reden und reden. Sie reden über Dinge von früher. Erst hat Nico dabeigesessen und zugehört. Aber er hat kaum etwas verstanden.

Jetzt sitzt er allein im Kinderzimmer und hat keine Lust zum Spielen. Wütend rennt er ins Wohnzimmer. "Onkel Alexander, kannst du nicht wieder mit mir Lego spielen? Dauernd unterhaltet ihr euch über so Zeug, das ich nicht verstehe!" Onkel Alexander sieht Nico an. "Alles hat seine Zeit, Nico. Beim letzten Mal habe ich mit dir gespielt. Heute sind deine Eltern dran. Auch das muss mal sein, wir müssen uns über das unterhalten, was Gott uns zu sagen hat. Wir erinnern uns an unsere Wurzeln."

Wurzeln gibt es draußen überall. Findest du welche? Vom Baum, vom Gras ...

33

Bibel

2. Korinther 3, 4

Das wagen wir nur deshalb zu sagen, weil wir Gott vertrauen, der uns durch Christus beauftragt hat.

Sethu kann nicht schlafen. Unruhig wälzt er sich von einer Seite zur anderen. Morgen wollen sich sein Vater und er auf den Weg zur Schule machen. Sethu fürchtet sich ein wenig. In ihrem Dorf in Indien gibt es keine Schule. Er soll weit weg zu Verwandten und dort in die Schule gehen. Sethu würde lieber zu Hause bleiben.

"Lesen und Schreiben sind wichtig", hat sein Vater gesagt. "Vertrau mir, es ist das Richtige für dich." Am nächsten Morgen verlassen Sethu und sein Vater Hand in Hand das Dorf und machen sich auf den beschwerlichen Weg.

"Gott ist bei dir, mein Sohn, auch wenn du weit von uns entfernt bist. Du wirst sehen, die Schule gefällt dir. In den Ferien hole ich dich ab und wir gehen zusammen nach Hause."

Die Schule gefällt Sethu wirklich. Es macht ihm Spaß zu lernen. Aber wenn er nachts allein auf seiner Matte liegt, denkt er an zu Hause. Dann wird ihm das Herz schwer.

Endlich sind die Ferien da. Wird sein Vater wirklich kommen? Sethu rennt zum Schultor. Er lässt sein Bündel fallen und läuft seinem Vater in die weit geöffneten Arme.

Zu welchen Menschen hast du das meiste Vertrauen?

34

Apostelgeschichte 2, 4

Sie wurden alle mit dem Heiligen Geist erfüllt und sie redeten in fremden Sprachen; denn der Geist hatte ihnen diese Fähigkeit gegeben.

"Wer hat eine Idee?", fragt Frau Günther. Die Sterngruppe im Kindergarten hat ein Patenkind. Bileon wohnt in einem Waisenhaus in Brasilien. Damit Bileon dort leben und zur Schule gehen kann, schicken die Kinder jeden Monat einen kleinen Geldbetrag, den sie zuvor sammeln.

Alle reden durcheinander. "Ich könnte für unsere alte Nachbarin das Papier wegbringen", ruft Lisa. "Ich helfe meiner Mutter beim Abwaschen", schreit

Steven. "Wenn ich den Hund ausführe, dann bekomme ich immer was", meldet sich Patrick. "Weihnachten basteln wir und verkaufen die Sachen beim Basar", sagt Ivonne aufgeregt. Jeder will eine tolle Idee beisteuern. "Und wenn es mal nicht reicht, gibt jeder was vom Taschengeld dazu."

Die Kinder basteln zusammen eine große Tafel und malen ihre Ideen darauf. Jeder trägt seinen Namen ein. Sie sind Feuer und Flamme für ihr Patenkind. Morgen werden sie gemeinsam mit Frau Günther einen Brief an Bileon schreiben, natürlich mit vielen Bildern verziert.

Wofür warst du schon mal "Feuer und Flamme"?

35

Bibel

Psalm 104, 1-2

Herr, mein Gott, wie groß bist du! Majestätische Pracht ist dein Festgewand, helles Licht umhüllt dich wie ein Mantel.

Pedro, Maria und Alessandro sind unterwegs. Eigentlich sind die drei Kinder immer unterwegs. Pedro, Maria und Alessandro leben auf der Straße, sie sind Straßenkinder. Eines Tages sind sie Freunde geworden.

Heute zieht es die Kinder zu dem Haus mit den bunten Fenstern. Ausgelassen toben sie um die Kirche herum. Alessandro rüttelt an der Kirchentür. Aber sie ist verschlossen.

Die Kirche hat wunderschöne Fenster. Jeden Tag besuchen die Kinder auf ihren Streifzügen die verschlossene Kirche.

Es ist es sehr heiß. Maria versucht die Kirchentür zu öffnen. Plötzlich gibt das Tor nach. Die Kirche ist offen! Andächtig und vorsichtig treten die Kinder ein. Es ist kühl im Innern. Vorn steht jemand und betet. Wie gebannt schauen die drei Kinder zu den Fenstern. Diese leuchten und funkeln im Sonnenlicht. Die Kinder staunen über die Schönheit. Nach einiger Zeit verlassen sie auf leisen Sohlen die Kirche und ziehen die Tür hinter sich zu.

Geh einmal zu deiner Kirche. Betrachte die Kirchenfenster von außen und innen. Erkennst du den Unterschied?

36

Bibel

Psalm 121, 1

Ich schaue hinauf zu den Bergen – woher kann ich Hilfe erwarten?

Christian ist traurig. Seine Mutter liegt im Krankenhaus und ist sehr krank. Christian schaut aus dem Fenster und blickt zum Berg hoch. Dort sieht er das Gipfelkreuz. Am Wochenende will er mit seinem Vater eine Bergtour zum Gipfel des Berges machen. "Dort sind wir Gott besonders nahe", hat sein Vater gesagt. "Dort oben wollen wir gemeinsam für Mutti beten."

Am nächsten Morgen machen sich die beiden früh auf den Weg. Mittags erreichen sie den Gipfel. Nach einer kleinen Vesper setzen sich Vater und

Sohn unter das Kreuz. Sie beten lange zu Gott, dass er Christians Mutter wieder gesund macht.

Sie sitzen noch eine Weile da und lassen die Stille auf sich wirken. Christian hält die Augen geschlossen und lässt seine Gedanken hinauf zu Gott steigen. Er fühlt: Gott ist ganz nah!

Ein paar Wochen sind seit der Wanderung zum Gipfel vergangen. Christians Mutter geht es langsam besser. Christian schaut zum Gipfelkreuz hinauf. Hoffnung und Freude sind auf einmal da. Gott wird alles gut machen.

Male einen Berg mit einem Kreuz.

37

Bibel

Matthäus 3, 16

Als Jesus wieder aus dem Wasser stieg, öffnete sich der Himmel über ihm, und er sah den Geist Gottes wie eine Taube herabschweben und auf sich kommen.

Hast du schon einmal eine Taufe miterlebt? Lass dir von deinen Eltern erzählen, wie eine Taufe abläuft! Wenn du getauft bist, können deine Eltern oder Paten berichten, was der Pastor da gemacht hat.

Jesus war schon groß, als er getauft wurde. Und es hat auch kein Pfarrer getauft, sondern Johannes. Der hieß der Täufer, weil er die Menschen taufte, die sich ändern wollten. Manchmal dauerte das den ganzen Tag, weil so viele Leute kamen und Johannes zuhörten. Jedem sagte Johannes die Worte Gottes so, dass er sie verstehen konnte und ernst nahm.

Johannes hat Jesus ganz anders getauft als wir das heute machen: Er hat nicht nur ein bisschen Wasser über den Kopf von Jesus geschüttet. Er hat Jesus

in einem Fluss, dem Jordan, ganz unter Wasser getaucht. Und plötzlich verzogen sich die Wolken am Himmel. Die Sonne fing an zu scheinen.
Und dann kam von oben, vom Himmel, eine Taube heruntergeflattert. Johannes wusste sofort: Mit dieser Taube schickt Gott seinen Geist auf Jesus herunter.
Der Heilige Geist ist die Kraft, mit der Gott immer bei uns ist. Auch bei dir ist er. Du bist nie allein.

Gott hat Jesus eine Taube geschickt, damit er wusste, dass er nicht allein ist. Überlege, was oder wen Gott dir geschickt hat!

38

Bibel

Matthäus 17, 5

Aus der Wolke hörten sie eine Stimme: "Das ist mein geliebter Sohn, an dem ich meine Freude habe. Ihm sollt ihr gehorchen."

Tanja und Kathrin liegen im Gras. Es ist herrlich warm, und die Sonne scheint wunderbar. Die beiden riechen die duftenden Blumen und hören die Vögel zwitschern. Sie schauen in den Himmel: Die paar Wolken nehmen die verschiedensten Formen an. Hast du auch schon mal Wolken beobachtet, wie schön sie aussehen können?

Plötzlich schiebt sich eine von den Wolken vor die Sonne. Sofort wird es kühler. Tanja und Kathrin gucken sich diese Wolke ganz genau an: Sie hebt sich sehr deutlich vor dem blauen Himmel ab.

Die Sonne schimmert noch ein bisschen durch. "Die Wolke sieht aus wie ..." Die beiden Mädchen überlegen gemeinsam: "... wie ein Haus." Ziemlich schief zwar, aber trotzdem wie ein Haus.
Da kommt ihnen eine Idee: Es ist ja schon ganz schön spät, wird Zeit nach Hause zu gehen. Dort angekommen fragt sie die Mutter: "Na, wo kommt ihr denn so spät her? Ich habe mir schon Sorgen gemacht." Und dann erzählen sie, was sie Schönes erlebt und gesehen haben.
Darauf erzählt ihnen die Mutter eine Geschichte aus der Bibel: Dort sahen die Jünger von Jesus auch eine Wolke. Sie war wie eine Nachricht von Gott. Weil Gott ihnen einen Auftrag gesagt hatte, wussten die Jünger gleich, was sie tun sollten: auf das hören, was Jesus sagt. Denn Gott spricht durch Jesus.

Male ein Bild mit verschiedenen Wolken! Dann lass von andern Kinder (oder auch Erwachsenen) erraten, was sie bedeuten sollen! Was für Nachrichten könnte Gott mit diesen "Wolken" schicken, wenn sie am Himmel ziehen würden?

39

Bibel

Matthäus 16, 18

Ich sage dir: Du bist Petrus, ein Fels. Auf diesen Felsen will ich meine Gemeinde bauen.

Die Kinder sitzen um den Basteltisch herum. "Wer von euch hat schon mal von Petrus gehört?", fragt Frau Hartung die Kinder. "Ich kenne nur Peter, der wohnt bei uns im Haus." Stefan lacht über seinen eigenen Witz. "Petrus war ein Fischer", sagt Lisa. "Ich glaube", ruft Benjamin dazwischen, "der ist mit Jesus rumgezogen." Benjamin ist stolz, dass er das weiß. "Petrus war ziemlich mutig", sagt David, "er hat ein Schwert gezogen um Jesus zu beschützen. Dabei hat er einem Mann das Ohr abgeschlagen." Maren verzieht angeekelt das

Gesicht. "Nein", entgegnet sie, "Petrus hatte Angst. Er hat Jesus verraten und sich nicht getraut zu sagen, dass er Jesus kennt." "War Petrus nun mutig oder ängstlich, Frau Hartung?"

Die Kinder werden still. "Petrus war mutig und hatte einen starken Glauben. Aber er war auch kleingläubig und hatte Angst. Geht es uns nicht manchmal genauso?" Frau Hartung sieht die Kinder an. "Trotz seiner Fehler hat Gott Petrus angenommen. Er war der Fels, auf den Gott seine Gemeinde gebaut hat. Ist das nicht toll?"

Such dir einen Stein. Erforsche ihn mit deinen Fingern, er hat scharfe und runde Kanten. Auch Petrus hatte verschiedene Seiten.

40

1. Korinther 12, 4

So verschieden die Gaben auch sind, die Gott uns gibt, sie stammen alle von ein und demselben Geist.

Das Kind schreit und zappelt. Die Mutter kann es kaum halten, als der Pfarrer das Wasser auf seine Stirn tropft. Sebastian flüstert seinem Vater zu: "Er ist schon so groß und zappelt und schreit." Sebastian ist verärgert. Nicht mal bei seiner eigenen Taufe kann sein Cousin sich benehmen. Manuel ist behindert, haben seine Eltern ihm erklärt. Geistig behindert.

Später fragt Sebastian seinen Vater: "Warum wird Manuel getauft? Der kann doch nichts!" "Jeder kann etwas, jeder kann dazugehören", antwortet sein Vater. "Und Gott beurteilt uns nicht nach dem, was wir leisten." Er nimmt Sebastians Hand und sie gehen zusammen zu Manuel. Als Manuel die beiden sieht, lacht er sie fröhlich an. Sebastian kann nicht anders. Er lacht auch.

Was ist das Besondere an dir? Was kannst du alles gut?

41

Bibel

1. Mose 8, 22

Solange die Erde steht, soll es immer Saat und Ernte, Kälte und Hitze, Sommer und Winter, Tag und Nacht geben.

"Franziska, da", flüstert Helen. Franziska schaut zu Helens ausgestrecktem Zeigefinger. Aber sie sieht gar nichts. "Was soll denn da sein?", fragt sie leise. "Siehst du die Eidechse nicht? Da auf dem Stein!" Franziska kneift die Augen zusammen. Tatsächlich! Auf einem warmen Stein in der Sonne sitzt eine graue Eidechse. Toll! Franziska hat noch nie eine lebendige Eidechse gesehen.

Helen klärt sie auf: "In unserem Steingarten wohnen viele Eidechsen. Im Winter ziehen sie sich unter die Steine zurück, weil es ihnen zu kalt ist. Aber wenn es Sommer wird und die Sonne warm scheint, tauchen sie jedes Jahr wieder auf. Diese hier ist die erste. Letztes Jahr hatten wir sogar ganz viele Babyeidechsen." Helen ist mächtig stolz auf ihre Gartenbewohner. "Wenn die Eidechsen da sind, wird es Sommer", erklärt Helen fachmännisch ihrer Freundin.

"Das ist stark, dass immer wieder etwas Neues beginnt."

Geh in den Garten: Blühen die Obstbäume? Haben sie schon Früchte?

42

Bibel

Matthäus 16, 19

Ich will dir die Schlüssel zum Reich Gottes geben.

Jesus fragt seine Jünger: "Für wen halten mich die Leute?" "Sie halten dich für einen berühmten und von Gott beschenkten Menschen", antworten sie.

"Und ihr", will Jesus wissen, "für wen haltet ihr mich?"

Die Jünger schweigen und denken nach. Plötzlich antwortet Petrus: "Du bist Christus, der Sohn des lebendigen Gottes." Jesus lächelt. "Du hast Recht", sagt Jesus. "Aber da bist du nicht selbst draufgekommen. Dass du das verstehst, hat Gott dir aufgeschlossen."

So wie man eine Tür aufschließt, lässt Jesus seine Jünger das neue Leben entdecken. Stark!

Lege einen Schlüssel auf ein Blatt Papier und ziehe die Umrisse nach.

43

Kolosser 3, 14

Das wichtigste ist die Liebe. Wenn ihr sie habt, wird euch nichts fehlen.

"Wer ist eigentlich dieses Baby? Bin ich das oder ist es Marie?" Sophie zeigt mit dem Finger auf ein Bild. "Keiner von euch beiden", antwortet Mutter. "Warum ist es denn in unserem Fotoalbum?", wundert sich Sophie. Mutter denkt einen Moment nach. "Auf dem Bild ist Sören. Sören war unser erstes Kind, aber er ist nach vier Wochen gestorben." Sophie starrt ihre Mutter mit offenem Mund an. "Dann hätte ich ja fast einen großen Bruder gehabt!" Sophie kann es gar nicht fassen. Sie sieht ihre Mutter an. "Seid ihr traurig gewesen, als er gestorben ist?" Mutter ist still geworden.

"Ja, sehr traurig", antwortet sie. Sie zieht Sophie auf ihren Schoß und umarmt sie heftig. "Es war sehr schlimm für Papa und mich, als Sören gestorben ist. Aber ich danke Gott und bin froh und glücklich, dass ich zwei so wunderbare Mädchen wie dich und Marie habe." Mama lacht, während ihr die Tränen über das Gesicht laufen, und gibt Sophie einen dicken Kuss.

Lass dir von deinen Eltern erzählen, wer aus deiner Familie gestorben ist, noch bevor du geboren bist. Welche Eigenschaften hatte dieser Mensch?

44

Bibel

Matthäus 13, 32

Das Senfkorn ist ein winziger Same, aber wenn er aufgeht und wächst, wird er zu einer großen Pflanze, ja zu einem Baum, in dem die Vögel nisten können.

Bernhard und Martin hören ihrem Opa zu. Er hat ihnen schon gezeigt, wie man einen Baum pflanzt. Ihr Opa ist Gärtner. Bernhard will es ganz genau wissen: "Wer hat die große Eiche auf unserem Hof gepflanzt, warst du das – Opa?"

Opa schmunzelt. Er stellt seine Schubkarre hin, legt seine Arme um Bernhards und Martins Schultern und die drei setzen sich unter die riesige Eiche. "Wisst ihr", beginnt der Opa, "lange bevor wir hier wohnten, hat jemand diesen Baum gepflanzt. Er konnte nicht wissen, dass der Baum gerade uns an heißen Tagen Schatten spendet. Aber er wusste, dass ganz langsam ein Riesenbaum heranwachsen würde."

Der Opa schaut nachdenklich hoch und sagt: "Wenn doch jeder an seinem Platz etwas Gutes für den Tag tun würde, das würde Gott gut gefallen."

Male einen schönen großen Baum, in dem die Vögel leben!

45

Bibel

2. *Korinther 9, 7*

Gott liebt den, der fröhlich und bereitwillig gibt.

Maria, Johanna und ihre Eltern sind zu Besuch bei den Nachbarn. Tanja, eine Lehrerin aus Russland, ist dort zu Gast. Sie erzählt vieles, was sich für die Kinder fremd und ungewohnt anhört.

Die meisten Schüler tragen Schulkleidung. Sie erzählt auch, dass sie schon seit vier Monaten kein Geld mehr für ihre Arbeit bekommt. Verblüfft fragt Johanna: "Wie kannst du dir da denn etwas kaufen, wenn du gar kein Geld mehr hast?"

Tanja schaut die beiden Mädchen liebevoll an: "Manchmal ist es schwer. Aber ich lebe noch. Ich versuche mir keine Sorgen zu machen." Als ob sie etwas überlegt, schweigt sie einen Moment, dann holt sie ihre Bibel. "Die begleitet mich überall hin", sagt sie. Tanja liest nun einen kurzen Text vor. Den beiden Mädchen gefällt besonders der letzte Satz: "Gott liebt fröhliche Geber."

Tanja glaubt an Gott und sie traut ihm zu, dass er helfen kann. "Wisst ihr", sagt sie, "meine Schüler können nichts dafür, dass ich kein Geld bekomme. Ich möchte aber, dass sie lesen, schreiben und rechnen können."

Auf dem Weg nach Hause fragt Maria ihre Eltern: "Wo ist eigentlich unsere Bibel?" Zu Hause angekommen verschwinden sie gleich in ihren Zimmern. Mit zwei Tafeln Schokolade in der Hand laufen sie zu ihren Eltern: "Wir müssen noch einmal zu Tanja!"

Wem kannst du mit einem kleinen Geschenk Freude bereiten?

46

Bibel

5. Mose 8, 6

Beachtet deshalb seine Weisungen. Lebt so, wie es ihm gefällt, und habt Ehrfurcht vor ihm.

Julia ist an diesem Nachmittag noch einmal mit ihrer Mutter in der Stadt. Sie sollen auch in der Buchhandlung fragen, ob das bestellte Buch für Papa schon eingetroffen ist. Da es schon so spät ist, kommt Mama auf die Idee: "Ich werde Papa sagen, dass das Buch noch nicht da war!"

Verwundert sieht Julia ihre Mutter an: "Aber du hast doch erst neulich gesagt, Gott will, dass wir immer die Wahrheit sagen!"

Ihre Mutter sieht aus, als wäre sie bei etwas Schlimmem ertappt worden. Sie sagt zu Julia: "Na gut, ich gehe jetzt noch zum Fleischer und du läufst schnell zum Bücherladen. Hier hast du 20 Mark."

Als Julia in die Buchhandlung kommt, sieht sie an der Wand ein Poster hängen, auf dem ein Weg zu erkennen ist. Den Spruch darunter kann sie noch nicht lesen.

Die Verkäuferin beobachtet Julia. "Soll ich dir den Text unter dem Bild vorlesen?" Verwundert sieht Julia die freundliche Verkäuferin an. Da beginnt die Frau vorzulesen: "Darum folgt seinem Befehl und bleibt auf dem Weg, den er euch weist."

Diese Worte findet Julia sehr interessant. Um so glücklicher ruft sie ihrem Papa zu Hause entgegen: "Papa, wir haben dein Buch mitgebracht!"

Es ist nicht immer leicht so zu leben, wie es Gott gefällt. Fallen dir Dinge ein, die du falsch gemacht hast?

47

Bibel

Psalm 65, 10

Du schenkst Wasser im Überfluss.

Da ist sie wieder, die graue Taube. Sie fliegt durch den Garten und landet auf dem Apfelbaum, unter dem Lukas liegt. Er hat mit dieser Taube ein großes Geheimnis. Er kann sie nämlich sprechen hören. Diesmal erzählt die Taube ihm: "Hallo Lukas, vor langer, langer Zeit lagen hier auch Menschen, aber denen ging es nicht so gut."

Lukas schließt die Augen, dann kann er besser zuhören. "Weißt du, die hohen Herren hatten damals Krieg miteinander. Die feindlichen Ritter haben den einzigen Brunnen in der Gegend vergiftet. Da niemand mehr aus dem Brunnen trinken konnte, waren viele dem Verdursten nahe."

Lukas schluckt, er hat immer genug zu trinken. "Die Menschen", so erzählt die Taube weiter, "fingen in ihrer Not an zu beten: "Herr, hilf uns, wir verdursten!" Die Rettung war schon bald zu hören. Mit fernem Donner kündigte sich ein Gewitter an und brachte Regen mit. Die Menschen atmeten auf. Der Regen war so stark, dass er das Gift aus dem Brunnen wegspülte. Die Menschen waren sicher, dass die Rettung von Gott kam. Eine alte Frau fing an zu weinen: 'Gott, deine Bäche sind immer voll Wasser.' Sie weinte, weil sie so glücklich darüber war."

Hattest du schon einmal so richtig starken Durst, z. B. an einem heißen Sommertag oder im Auto in einem Stau? Erzähle davon!

48

Bibel

Jesaja 40, 31

Alle, die ihre Hoffnung auf den Herrn setzen, bekommen neue Kraft. Sie sind wie Adler, denen mächtige Schwingen wachsen.

Endlich Ferien, kein Kindergarten und keine Schule. Faulenzen, ausschlafen, spielen und Ausflüge machen. Ariane und Maik sitzen mit Mama und Papa im Auto und träumen von ihrem gemeinsamen Urlaub. Die Fahrt zur Insel Rügen dauert lange. Zum Glück ist es nicht so heiß.
Als sie endlich die lange Brücke zur Insel hinüberfahren, sagt Papa: "Hier werden wir drei Wochen Urlaub machen."

Es ist schon spät, als sie die Koffer aus dem Auto laden. Mama, die sonst immer darauf achtet, dass alle pünktlich im Bett liegen, macht einen tollen Vorschlag: "Wollen wir noch ein Stück durchs Dorf gehen?" Alle sind begeistert.

Am nächsten Morgen nach dem Frühstück laufen sie sofort an den Strand. Das ist herrlich: Blauer Himmel, Sonne, warmer Sand, Wasser und Eltern, die ganz viel Zeit haben. Sie sitzen am Strand und bauen eine Kleckerburg. Dabei klecksen sie nassen Sand immer auf die gleiche Stelle, bis dabei eine hohe Burg entsteht.

Bei so viel Spaß gehen drei Wochen Urlaub schnell vorbei. Am letzten Tag sitzen sie in der kleinen Dorfkirche. Heute wollen sie Abschied von dem Urlaubsort nehmen und Gott für die schöne Zeit danken.

Male ein Bild von deinem schönsten Ferientag!

49

Markus 4, 37+38

Das Boot lief voll Wasser und drohte zu sinken. Jesus aber schlief hinten im Boot auf einem Kissen.

Am Abend sagt Jesus zu seinen Freunden: "Kommt, lasst uns mit den Booten hinüberfahren." Seine Freunde gehen los. Alle machen die Boote fertig und rudern hinaus aufs Meer. Da beginnt ein großer fürchterlicher Sturm. Dunkle Wolken rasen heran und helle Blitze krachen über ihnen. Die Wellen schlagen schon über den Booten zusammen. Die Freunde bekommen große Angst.

Und Jesus? Er hat sich hinten im Boot auf ein Kissen gelegt und ist eingeschlafen. Seine Freunde wissen nicht mehr, was sie tun sollen. Was, wenn das Boot unter der Wucht der Wellen zerbrechen würde? Sie wecken Jesus auf, damit er ihnen hilft.

Jesus sieht seine Freunde kopfschüttelnd an. Dann steht er auf und sagt zum Meer: "Sei ruhig!" Der Wind ist sofort still.

Jesus fragt seine Freunde: "Warum habt ihr Angst? Ich bin doch bei euch! Vertraut ihr mir so wenig?" Da starren ihn die Männer mit weit aufgerissenen Augen an. Untereinander fragen sie sich: "Wer ist eigentlich dieser Jesus, dass er so mächtig ist? Sogar der Wind und das Meer gehorchen ihm!"

Falte aus einer Zeitung ein Boot.

50

1. Thessalonicher 5, 23

Mein größter Wunsch ist, dass Gott euch mit seinem Frieden erfüllt und ihr ohne jede Einschränkung ganz ihm gehört.

"Du bist doof!", schreit Paul seinen besten Freund an. Er trampelt wütend das Treppenhaus hoch und klingelt Sturm. Die Mutter öffnet ihm. Er schreit: "Lass mich durch, Karsten ist doof!" Und stürmt an ihr vorbei ins Kinderzimmer. Nachdem er sich ein wenig beruhigt hat, geht er zu seiner Mutter in die Küche. "Na", fragt sie, "was ist denn mit Karsten gewesen?"

"Er hat einfach mit meinem neuen Fußball gespielt, ohne mich vorher zu fragen!" Mama erzählt ihm: "Weißt du, Paul, mit deiner Tante Moni streite ich mich auch öfter, aber trotzdem sind wir immer noch Freundinnen. Man kann sich ja auch wieder vertragen."

Paul wischt sich die Tränen vom Gesicht: "Ob Karsten morgen wieder mit mir spielt?" "Manchmal braucht es seine Zeit, aber frag ihn ruhig", rät Mama.

Es klingelt. Paul rennt zur Tür. Es ist Papa, der von der Arbeit kommt. Papa ist ärgerlich und beklagt sich: "Ich habe mich mit meinem Chef gestritten. Er hat mir einen ganz blöden Dienstplan geschrieben."

"Ich kann das verstehen", sagt Paul, "so ein Streit braucht seine Zeit, das hat mir Mama gesagt. Mama und Tante Moni streiten sich auch manchmal, aber sie vertragen sich dann auch wieder."

Papa schaut Mama mit fragenden Augen an, aber er ist schon nicht mehr so wütend.

Hattest du mal einen Streit? Was hast du gemacht, damit alles wieder in Ordnung kam?

51

Bibel

5. Mose 2, 7

Der Herr, euer Gott, hat immer dafür gesorgt, dass es euch an nichts fehlt.

Mose hat viele Zuhörer um sich versammelt.
Er erzählt, was Israel in den letzten 40 Jahren alles erlebt hat. Zu den Zuhörern gehört auch der kleine Simeon und sein Vater Ruben. Simeon fragt seinen Papa: "Stimmt das wirklich, dass ihr 40 Jahre in der Wüste gelebt habt?"

Da beginnt sein Vater zu erzählen: "Weißt du, Simeon, in Ägypten ging es den Israeliten sehr schlecht. Sie mussten hart arbeiten. Mose rief alle Israeliten zusammen und sagte: 'Packt eure Sachen. Gott will, dass wir hier weggehen!'

Sie mussten durch die Wüste ziehen. Es war sehr heiß. Überall nur Sand, kein Baum, der Schatten gab. Nach zwei Wochen hatten die Leute nichts mehr zu essen. Sie beschwerten sich bei Mose: 'Wären wir doch nur in Ägypten geblieben.' Gott kam zu Hilfe und sprach zu Mose: 'Sag ihnen, sie werden genug zu essen erhalten. Ich werde für sie sorgen.'"

Simeon schaut nach vorn zu dem alten Mose. "Gott hat sein Wort gehalten", sagt Simeons Papa. Simeon staunt nicht schlecht, wie Gott es geschafft hat, für so viele Menschen zu sorgen.

Finde heraus, wie Gott für die vielen Menschen gesorgt hat. Lass dir 2. Mose 16 vorlesen.

52

Bibel

Psalm 18, 30

Mit dir, mein Gott, kann ich über Mauern springen.

"Du, Flori, ich ziehe bald mit meiner Mama weg. Meine Mama und mein Papa lassen sich scheiden." Jonas erzählt noch weiter, aber Florian kann nicht mehr zuhören. Die Tränen kommen ihm, deshalb rennt er schnell weg.

Für Florian ist nun alles klar. Oft hat er gehört, wie auch seine Eltern gestritten haben. Vielleicht würden sich seine Eltern auch scheiden lassen? Zu Hause hat er oft Angst, dass seine Eltern mit ihm über eine Scheidung reden wollen. Er verzieht sich deshalb öfter in sein Zimmer. Dort kann er ungestört mit Gott reden. Ihm kann er alles erzählen. "Bitte, Gott, sorge dafür, dass Mama und Papa sich vertragen und lieb haben."

Florian liegt wach in seinem Bett und hört seine Eltern im Flur reden. Er begreift, dass sie sich nicht scheiden lassen wollen. Sie haben sich zwar gestritten, aber sie wollen sich wieder vertragen. Florian fängt vor lauter Glück an zu weinen. In seinem Kopf geht alles durcheinander. Von Wolle, seinem Onkel, wusste er, dass Gott ein ganz toller Kumpel ist, der einen nicht im Stich lässt. Wolle hat mal zu ihm gesagt: 'Mit meinem Gott kann ich über jede Mauer springen.' Jetzt weiß Florian, was er damit gemeint hat.

Bau mit Holzklötzen eine hohe Mauer. Versuche dann möglichst viele Bausteine herauszuziehen, bevor die Mauer einstürzt. Vielleicht kannst du das auch mit jemanden zusammen spielen.

53

Bibel

Apostelgeschichte 27, 13

Sie lichteten die Anker.

Ein Anker ist ein schweres Eisenteil, das mit einem starken Tau mit dem Schiff verbunden ist. Der Anker ist sehr wichtig. Wenn die Seeleute ihn erst einmal ins Wasser geworfen haben, dann können sie darauf vertrauen, dass ihr Schiff nicht abgetrieben wird. Menschen können auch so ein "Anker" sein, auf den man sich verlassen kann. Das sind vielleicht für dich Mama und Papa.

Vor vielen Jahren begann ein Schiff eine lange Reise. Anfangs schien alles in Ordnung zu sein. Aber schon bald brach ein gewaltiger Sturm los. Aus Angst holten die Matrosen ihr Segel herunter. Sie warfen sogar einen Teil der Schiffsladung ins

Wasser. Und als am dritten Tag immer noch der Sturm tobte, da warfen sie auch ihr wichtiges Werkzeug über Bord.

Die Matrosen hatten schon keine Hoffnung mehr. Sie rechneten damit, dass sie alle untergehen würden. Aber da meldete sich ein Mann namens Paulus zu Wort. Er hatte schon vor langer Zeit seinen rettenden "Anker" gefunden. Sein "Anker" war Gott.

Den ängstlichen Seeleuten erzählte Paulus von Gott: "Hört zu, Gott hat mir gesagt, dass ihr keine Angst zu haben braucht. Ihr werdet alle am Leben bleiben." So war es dann auch. Alle wurden gerettet.

Wozu braucht ein Schiff einen Anker?

54

Bibel

Jesaja 40, 22

Er spannt den Himmel aus wie einen Schleier, er schlägt ihn auf wie ein Zelt, unter dem die Menschen wohnen können.

Papa und Hannes laden das Zelt ins Auto. Mama und Judith packen das Essen ein. Endlich haben sie alles verstaut. Nun geht es los. Vorbei an Wiesen und Feldern und durch einen Wald. An einem kleinen See bauen sie ihr großes Zelt auf. Hannes und Papa machen das ganz allein. Mama und Judith bereiten inzwischen das Abendbrot vor.

Mama und Papa sitzen danach noch lange am Wasser. Es ist spät geworden. Hannes schläft bereits, nur Judith kann nicht einschlafen. Sie hat im dunklen Zelt Angst, krabbelt aus dem Zelt und sucht ihre Mama.

Papa sagt ärgerlich: "Ach Judith, stell dich nicht so an. Im Zelt bist du sicher. Was soll dir denn passieren!? Wir sind doch da!"

Sie setzt sich zu Mama. Über Judiths Wangen kullern Tränen. Mama nimmt sie in die Arme und meint: "Ist das nicht schön hier? Über unserem Zelt hat Gott sein riesiges Zelt ausgebreitet." Judith schaut ganz erstaunt hinauf zum Himmel, an dem viele Sterne funkeln. "Wenn du aufmerksam hinschaust, dann siehst du, dass es gar nicht richtig dunkel wird. Gott lässt den Mond und die Sterne leuchten. Gottes Himmelszelt ist so groß, dass man kein Ende sehen kann."

Schau vor dem Schlafengehen zum Himmel hoch und sieh dir Gottes Himmelszelt an. Wenn keine Wolken davor sind, leuchten Mond und Sterne.

55

Psalm 18, 3

Der Herr ist mein Fels, meine Festung und mein Erretter, mein Gott, meine Zuflucht, mein sicherer Ort. Er ist mein Schild, mein starker Helfer, meine Burg auf unbezwingbarer Höhe.

Daniel ist auf dem Spielplatz. Er baut mit viel Spaß eine Burg aus Sand. Ältere Kinder kommen und wollen sein Bauwerk kaputtmachen. Da sagt Daniel: "Wenn ihr das versucht, hole ich meinen großen Bruder!" Ganz schnell verschwinden sie. Sie versuchen es bei Christian. Der hat nämlich keinen großen Bruder. Aber auch er hat Hilfe: Er flüchtet nach Hause. Dort ist er in Sicherheit. Wenn in früheren Zeiten Menschen Angst vor einem Feind hatten, dann flüchteten sie in eine Burg. Kennst du eine Burg in deiner Nähe?

Da gibt es viele hohe Räume und eine Waffenkammer, damit man sich verteidigen konnte. Vor allem aber sind die Außenmauern der Burg ganz hoch und dick. Wer es da rein geschafft hatte, der war in Sicherheit.
So eine Burg müsste man immer bei sich haben! Das wäre doch praktisch. Stell dir vor, du hast Angst vor jemandem, der dich ärgern will. Dann hast du so eine "Burg" dabei und bist geborgen. Ein Freund, der zu dir hält, kann wie so eine Burg sein. Jesus ist der beste Freund, den man sich wünschen kann: Er ist immer bei dir. Er ist stärker als alle. Er macht, dass du keine Angst haben musst, auch wenn andere dir wehtun. Er gibt dir Kraft, dich zu wehren. Und wenn die andern doch stärker sind als du, dann schenkt er dir, dass du es aushalten kannst.

Schau dir mit deinen Eltern eine Burg an! Überleg dir, wer dir helfen kann, wenn du Angst hast!

56

Bibel

5. Mose 5, 19

Du sollst nicht stehlen.

Maria, Sandras Freundin, sitzt vor vielen Geschenken. Sie hat Geburtstag. Sandra schaut ihr zu, wie sie die vielen schönen Dinge auspackt. Das letzte Geschenk ist ein echtes "Baby-Born"-Kleid. Sandra schaut ihr wie versteinert zu. Sie hat es sich schon so lange gewünscht, aber keines bekommen. "Ich mache dir selber ein Kleid für deine Puppe", hat Mama gesagt. Maria legt es gleich zur Seite, es scheint ihr nicht so viel zu bedeuten.

Abends dann, Sandra sitzt im Schlafanzug auf ihrem Bett, da fragt Mama sie: "Du bist so still, ist etwas?" Erschrocken sieht Sandra weg:

"Nein, mit mir ist nichts." Sie singen zusammen ein Gute-Nacht-Lied und nach dem Gute-Nacht-Kuss versucht Sandra einzuschlafen. Aber es geht nicht. Sie nimmt das "Baby-Born"-Kleid und geht zu ihrer Mutter ins Wohnzimmer. Mama sieht sie ganz verwundert an und fragt sie dann, als sie sieht, dass sie weint: "Du hast doch nicht das Kleid gestohlen?"

Sandra nickt traurig und läuft in Mamas Arme. Mama sagt zu ihr: "Du musst die Sache in Ordnung bringen, denn Gott hat gesagt: Du sollst nicht stehlen!"

Sandra hält den Telefonhörer dicht an ihr Ohr. "Hallo Sandra?", ruft Maria. "Ja, hier ist Maria. Ich habe dein "Baby-Born"-Kleid mitgenommen. Ich gebe es dir aber gleich morgen wieder zurück."

Gott sagt uns, was wir nicht tun sollen. Gottes Gebote sind so etwas wie Verkehrsschilder. Schau, ob du von eurer Wohnung aus ein Verkehrsschild sehen kannst. Weißt du, was es bedeutet?

57

Bibel

Markus 4, 28

Zuerst kommt der Halm, dann die Ähre und endlich als Frucht die Körner.

Als Anne heute Morgen in den Kindergarten kommt, sieht sie ein neues Mädchen am Fenster stehen. "Wer ist denn das Mädchen dort?", fragt sie Frau Levermann. "Das ist Nina. Sie ist neu hierher gezogen", antwortet Frau Levermann.

Anne überlegt kurz, dann geht sie zu Nina und sagt: "Ich bin Anne. Willst du mit mir spielen?" Nina dreht sich um: "Nö, lass mich in Ruhe!" Anne bleibt ganz verdutzt stehen, erst als Nina noch sagt: "Hau ab!", verschwindet sie schnell.

Zu Hause erzählt Anne ihrer Mama ihr Erlebnis: "Du erzählst immer, dass Gott will, dass wir uns um die Menschen kümmern, die alleine sind. Aber ich glaube, manchmal geht das überhaupt nicht."

Annes Mama lächelt und sagt: "Manches muss wachsen." Dann erzählt Annes Mutter ihr eine Geschichte, in der ein Mensch Samenkörner auf die Erde wirft. Es vergehen viele Tage und aus den Samenkörnern wachsen Halme. Auf ihnen werden Ähren sichtbar, die prall gefüllt sind. Dann kommt der Tag der Ernte für den Bauern. Annes Mama sagt: "Ich wünsche dir, dass du auch eines Tages mit Nina spielen kannst. Gib nicht gleich auf! Vielleicht dauert es noch ein wenig, bis sie sich traut. Vertrauen wächst nicht so schnell, es braucht seine Zeit, genau wie das Weizenkorn."

Vor einer Ernte liegen viel Zeit und Arbeit. Habt ihr einen Garten? Frag deine Eltern, was alles nötig ist, um eine gute Ernte zu bekommen!

58

Psalm 74, 15

Du ließest Quellen und Bäche hervorsprudeln und brachtest große Ströme zum Versiegen.

Schon seit Wochen liegt eine fast erdrückende Hitze über der Stadt. Robert und seine Eltern fahren jeden Sonntag in das kleine benachbarte Dorf zu seinen Großeltern. Sie wohnen direkt an einem schönen See und haben ein altes Ruderboot. Robert darf dann mit Opa hinausrudern. Es ist immer so schön, wenn sie draußen auf dem See sind.

Auch heute sind sie auf dem See. Opa wirft seine Angel aus. Robert schaut ihm zu, wie er die Würmer am Haken befestigt. Robert schaut auf das Wasser hinaus. Es wird schon Abend und es sieht so aus, als würde die Sonne im See baden gehen.

Opa lacht und spricht: "Nein, die Sonne kann nicht baden gehen."

Opa schaut auch auf das Wasser und meint: "Gott hat das alles so gut eingerichtet. Er gibt uns genug Wasser zum Leben. Er bestimmt, wo Flüsse und Bäche fließen und auch wo das Wasser versiegt."

Robert spürt, wie es mit der untergehenden Sonne auch langsam kühl wird. Zu seinem Opa sagt er: "Und dass es jetzt kühl wird, das macht Gott auch."

Nachdem sie das Boot an Land gezogen haben, gehen sie durch den Garten zum Haus. Opa hockt sich an das Beet mit Omas Kohlpflanzen: "Sieh mal, Robert, die Kohlpflanzen erholen sich auch in der Nacht." Robert staunt. Er läuft ins Haus und ruft seiner Oma zu: "Gott sorgt auch für deine Kohlpflanzen!"

Gott sorgt für alles – auch für dich. Wasser ist sehr wichtig. Überlege, wie oft und wofür du am Tag Wasser benötigst!

59

Bibel

Matthäus 12, 13

Dann forderte Jesus den Mann auf: Strecke deine Hand aus! Der Mann gehorchte und seine Hand war gesund.

Oma ist heute ins Krankenhaus gekommen. Maik hat große Angst um sie. Er hat sie sooo lieb. Da steht er nun an ihrem Bett. Der Arzt hängt eine Flasche an Omas Bett. Von dieser Flasche führt ein dünner Schlauch in ihre Hand. Der Arzt bemerkt, wie ängstlich Maik aussieht. Der Doktor erklärt ihm: "Es ist nicht so schlimm, wie es für dich aussieht. Deiner Oma wird es bald wieder gut gehen. Sie ist in der Mittagshitze zu lange draußen gewesen. Aber ein hilfsbereiter Nachbar hat gleich bei uns angerufen."

Maik nimmt die Hand seiner Oma und sagt: "Mensch, Oma, du machst aber auch einen Quatsch!" Oma kann schon wieder lächeln, aber trotzdem muss sie noch drei Tage im Krankenhaus bleiben.

Auf der Heimfahrt fällt Maik die Geschichte ein, die ihm Oma einmal von Jesus erzählt hat: Da war ein Mensch mit einer kaputten Hand. Jesus machte diesen Mann wieder gesund. So kann Jesus Oma auch wieder gesund machen. Er überlegt: Vielleicht hilft Jesus heute durch andere Menschen wie durch den aufmerksamen Nachbarn und den netten Arzt.

Maik ist so glücklich über Omas Nachbarn und den freundlichen Doktor.

Vielleicht kennst du jemanden, der krank ist. Sprich für ihn einen Satz als Gebet und schicke ihm ein schönes Bild, damit er merkt, dass du an ihn denkst.

60

Johannes 10, 27

Jesus sagt: Meine Schafe erkennen meine Stimme; ich kenne sie und sie folgen meinem Ruf.

Vor wenigen Tagen erst ist Bernhard mit seinen Eltern aus der großen Stadt weggezogen. Jetzt leben sie in einem kleinen Dorf und hier sind nur sehr wenige Kinder.

Bernhard streift ganz allein durchs Dorf und durch den nahe gelegenen Wald. Er hört einige Vögel zwitschern und vom Waldrand her dringen noch andere Geräusche zu ihm, die er noch nicht kennt.

Er läuft zum Waldrand und sieht eine große Schafherde. Er ist sprachlos über die vielen Schafe.

Wie gern hätte er eins für sich allein gehabt. Auf einmal steht ein großer zotteliger Hund vor Bernhard. Beide schauen sich in die Augen, dann läuft der Hund weg. Ein wenig später kommt er mit dem Schäfer wieder. "Was machst du denn hier?", will der Schäfer wissen. Bernhard kommt dichter heran: "Ich finde Ihre Schafe so schön."

Der Schäfer lädt Bernhard ein, mit ihm und der Herde ein Stück übers Feld zu gehen. Bernhard darf sogar die Herde rufen und anführen. Obwohl er alles genauso wie der Schäfer macht, hören die Schafe nicht auf ihn.

Der Schäfer bemerkt, wie enttäuscht Bernhard ist, und sagt ihm: "Mach dir nichts draus. Die Schafe kennen meine Stimme und deshalb hören sie nur auf mich!"

Nimm ein Blatt Papier, leg es auf den Schäfer und zeichne ihn ab. Dann kannst du daraus ein Bild mit Window-Color-Farben gestalten. Das kannst du an dein Kinderzimmer-Fenster kleben.

61

2. Mose 20, 4

Fertige dir keine Götzenstatue an.

Ruth kommt traurig aus dem Kindergarten. Sie geht gleich in ihr Zimmer und schließt die Tür. Ihre Mama wundert sich. Sie geht nach einiger Zeit zu ihr.

Ruth sitzt an ihrem Tisch und vor ihr liegt der Malblock und Stifte. "Was machst du denn?", fragt Mama. Ruth ist verzweifelt und schimpft: "Ich weiß nicht, wie ich ihn malen soll!"

Ruths Mama fragt: "Aber wen willst du denn malen?" Ruth schaut ihre Mama an und sagt: "Gott will ich malen. Ulrike hat heute im Kindergarten zu mir gesagt: Deinen Gott gibt es ja gar nicht. Und dann wollte sie, dass ich ihn male."

"Weißt du, Ruth, niemand weiß, wie Gott aussieht. In der Bibel wird er ganz unterschiedlich beschrieben, mal als Vater, als starker Fels oder als mächtiger Adler", erklärt ihre Mutter.

Am Abend, als Ruth schon im Bett liegt, kommt ihre Mutter noch einmal zu ihr und bringt die Bibel mit. Ruth empfängt sie mit den Worten: "Ich weiß jetzt, dass ich ihn gar nicht malen kann!" Die Mutter setzt sich zu ihr aufs Bett und sagt: "Ja, Ruth – und hier in der Bibel steht, dass wir uns kein Bild von Gott machen sollen!"

Lass dir von deinen Eltern eine Bibel zeigen.

62

1. Mose 11, 4

Sie riefen: Jetzt bauen wir eine Stadt mit einem Turm, dessen Spitze bis zum Himmel reicht.

Michael und Papa sitzen im Wohnzimmer. In den Nachrichten wird von dem Start einer Ariane-Rakete berichtet. Michael hört genau zu: "Papa, ob die Rakete ganz dicht bis zu Gott kommt?" Papa beginnt zu lachen. Das ärgert Michael. Doch dann wird Papa ernst und erzählt ihm: "Schon immer haben sich die Menschen gewünscht ganz dicht zu Gott zu kommen. Vor vielen, vielen Jahren bauten Menschen an einem Turm. Er sollte bis zu Gott reichen. Sie bauten und bauten. Die Leute haben nur noch miteinander gestritten, weil sie so ehrgeizig waren, den Turm höher und höher zu bauen." Michaels Papa macht eine Pause. "Wie gings weiter?", will Michael wissen.

"Dann hat Gott der ganzen Bauerei ein Ende gemacht. Gott gefiel das nicht, weil sie nur angeben wollten. Deshalb machte er, dass sie nicht mehr die gleiche Sprache sprechen konnten. Sie mussten aufhören zu bauen, weil sie sich nicht mehr verstehen konnten. Die Menschen gingen auseinander in die verschiedensten Länder. Bis heute gibt es die vielen verschiedenen Sprachen. Und das nur, weil die Menschen angeben wollten, dass sie größer als Gott sein können."

Versuche, einen Turm zu bauen, so hoch, wie du es schaffst. Auch wenn du stolz darauf bist, kommst du nie an Gott heran.

63

Bibel

1. Mose 1, 14

Da befahl Gott: Am Himmel sollen Lichter entstehen.

Am Anfang hat Gott unsere Welt geschaffen. Er hat sich alles gut überlegt, das große Meer, die Ahornbäume und die Rosen, den Hund und die Katze – alles, damit sich die Menschen auch wohl fühlen.

Und er gibt den Regen, damit die Pflanzen, Tiere und Menschen nicht verdursten. Alles ist gut von Gott eingerichtet.

Auch die Sonne, der Mond und die Sterne am Himmel sind wichtig. Ob Gänseblümchen, der Löwe oder der Mensch – alle brauchen die wärmenden Strahlen der Sonne.

Am Tag erleben wir viel. In der Nacht können wir uns ausruhen und schlafen. Nach Sonne und Mond teilen wir unsere Zeit ein. In der Nacht leuchten viele Sterne am Himmel. Es sind so viele Sterne, dass man sie nicht zählen kann. Manche helfen uns, damit wir uns in der Nacht zurechtfinden können.

Das hat Gott doch alles sehr gut gemacht!
Dafür danken wir ihm!

Schau dir den Himmel bei Tag und in der Nacht an. Was kannst du alles Schönes entdecken? Lass dir den Polarstern zeigen, der uns hilft, die Himmelsrichtung "Norden" zu finden.

64

Bibel

Psalm 1, 2+3

Glücklich ist, wer Freude hat am Gesetz des Herrn. Er ist wie ein Baum, der nah am Wasser steht, der Frucht trägt jedes Jahr und dessen Blätter nie verwelken.

Marie und Anja sitzen mit ihrer Oma unter einer großen Kastanie im Hof. "Oma, was sind Losungen?", fragt Marie. Oma schaut die beiden Enkelkinder verwundert an: "Wie kommt ihr denn auf dieses Wort?!" "Wir haben das kleine Buch auf deinem Nachtschrank liegen sehen", antwortet Anja. "Und dann haben wir gedacht, wir fragen dich mal", ergänzt Marie. Oma lächelt und sagt: "Für jeden Tag ist dort ein Satz aus der Bibel aufgeschrieben. Den nennt man Losung. Schon seit vielen Jahren lese ich morgens für jeden neuen Tag die Losung. Ich bin immer ganz gespannt, woran mich Gott erinnert, wenn ich sie lese.

Die Worte aus der Bibel sind mir so wichtig wie für diesen Kastanienbaum das Wasser. Wisst ihr, was ich meine?"

Anja lacht: "Was? Wörter sind wie Wasser." Marie unterbricht sie: "Lach Oma nicht aus! Ohne die Wörter wäre Oma jetzt nicht hier!" "Wieso denn das?", fragt Anja. "Ja, weil ein Baum das Wasser unbedingt zum Leben braucht. Das ist sehr wichtig für Oma." Oma nickt und schweigt.

Male einen braunen Baumstamm mit Ästen. Such dir eine alte Zeitschrift und reiß kleine Schnipsel heraus, die du als Blätter an die Äste klebst.

65

Bibel

1. Mose 1, 10

Gott nannte das trockene Land 'Erde' und das Wasser 'Meer'.

Als Gott die Erde geschaffen hat, hat er auch daran gedacht, dass zwischen das Wasser der Erdboden kommen muss, auf dem wir leben können. So verteilte er das Wasser und den festen Boden gleichmäßig.

Das Wasser ist sehr wichtig für alle Pflanzen, Tiere und uns Menschen. Es gibt bis heute riesige Meere, Seen und Flüsse voll mit Wasser. Im Wasser leben viele Fischfamilien: Forellen, Heringe, Karpfen, aber auch große und kleine Krebse und Frösche. Auf dem Wasser schwimmen Enten und Schwäne.

Auch viele Kinder haben Spaß im Wasser. An einem heißen Sommertag plantschen sie gern im Wasser!

Es ist doch prima, dass Gott beides gegeben hat – Wasser und festen Boden unter den Füßen!

Was würde passieren, wenn es auf der Erde kein Wasser gäbe? Denke dir dazu eine Geschichte aus.

66

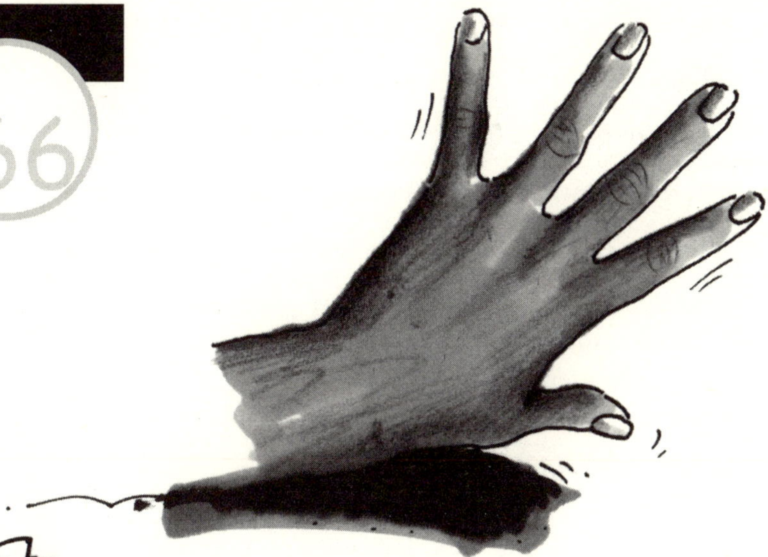

Bibel

Psalm 139, 5

Von allen Seiten umgibst du mich und hältst deine schützende Hand über mir.

Philine hat heute ihren großen Tag. Sie geht zum ersten Mal in den Kindergarten. Darauf hat sie sich schon lange gefreut. Doch dann läuft alles so anders.

Simone, die sie so gerne als Freundin gehabt hätte, ist schon mit Julia befreundet. Und sie wollen nicht, dass Philine mitspielt. Philine geht traurig zur Toilette. Als Philine lange Zeit nicht wiederkommt, geht Frau Behnke ihr nach. Sie fragt Philine: "Wieso bist du denn traurig?" "Alle haben jemanden zum Spielen, nur ich nicht", antwortet sie.

Frau Behnke tröstet Philine: "Die anderen Kinder sind schon viel länger hier als du. Deine Mutti hat mir erzählt, dass du Gott jeden Abend sagst, was du alles erlebst. Gott ist immer bei dir. Auch hier im Kindergarten. Er weiß, mit wem du gerne spielen würdest. Er ist bei dir, wenn du dich allein fühlst. Vielleicht wollte er ja auch, dass wir uns jetzt hier treffen."

Philine staunt und fühlt sich schon ein bisschen besser. Sie läuft in ihren Gruppenraum zurück.

Lass dir den Liedtext vom Lied "Immer und überall" vorlesen. Vielleicht kannst du das Lied auch mit jemandem singen.

T: Daniel Kallauch; M: Daniel Kallauch; © cap! music, Altensteig

67

Bibel

Psalm 42, 2

Wie ein Hirsch nach frischem Wasser lechzt, so sehne ich mich nach dir, o Gott.

Die Sonne blinzelt in die Augen von Matthias. Endlich ist sein größter Wunsch in Erfüllung gegangen. Zum ersten Mal besucht er ganz allein seinen geliebten Opa Alfred.

Matthias reckt und streckt sich noch in seinem Bett, da geht schon die Tür auf und sein Opa kommt herein: "Na, Matthias, hast du gut geschlafen? Zieh dich an. Nach dem Frühstück fahren wir gleich los."

Ja, richtig. Heute wollen sie ja in den Zoo fahren. Als Matthias aus dem Bad kommt und im Flur wieder das tolle Bild mit dem Hirsch sieht, fragt er seinen Opa: "Was steht eigentlich unter dem Bild?" Opa tritt aus der Küche heraus und liest vor: "Er macht meine Füße gleich den Hirschen." Matthias antwortet: "Das ist bestimmt aus der Bibel?" Opa nickt.

Im Zoo angekommen sagt Matthias plötzlich zu seinem Opa: "Ich wusste gar nicht, dass in der Bibel auch ein Hirsch vorkommt. Eigentlich geht es doch da nur um Schafe und Esel, oder?" Opa lächelt und meint: "Nein, Matthias, die Menschen haben sich solche Sprüche ausgedacht um Gott zu loben. Nur Gott kann es schaffen, deine Füße so schnell wie die eines Hirsches zu machen."

Matthias sieht plötzlich einen Ameisenhaufen und fragt: "Über Ameisen gibts bestimmt nichts in der Bibel?" Opa Alfred sieht verschmitzt auf seinen Enkel und sagt: "Doch, Faulenzer werden zu Ameisen geschickt um sich an ihrem Fleiß ein Beispiel zu nehmen. Und an einer anderen Stelle betet jemand: Danke, Gott, dass ich so gut sehen kann wie ein Adler."

Laufe so schnell wie du kannst. Lass von einem Erwachsenen die Zeit stoppen!

68

Bibel

Psalm 106, 1

Preist den Herrn, denn er ist gut, und seine Gnade hört niemals auf!

Beim Frühstück schwärmt Matthias immer noch von dem Ausflug mit seinem Opa Alfred. Als sie beide mit dem Essen fertig sind, faltet Opa die Hände und betet: "Danket dem Herrn, denn er ist sehr freundlich und seine Güte währet ewiglich."

Matthias will wissen: "Opa, warum bedanken wir uns eigentlich bei Gott für die Sachen, die du doch im Supermarkt an der Kasse bezahlt hast?" Opa erklärt: "Ja, wir haben zwar alles bezahlt. Und in großen Bäckereien wurde aus dem Mehl Brot gebacken und in Molkereien aus Milch Butter, Quark und Käse gemacht. Aber was wäre wohl, wenn auf dem Feld vorher nicht das Getreide gewachsen und gereift wäre?"

Ganz unruhig unterbricht Matthias seinen Opa: "Ja, ich weiß, dann hätte der Müller kein Mehl machen können. Und wenn die Kühe nichts zu fressen gehabt hätten, dann hätten sie keine Milch geben können." "Das stimmt, Matthias." Opa Alfred sagt ihm noch: "Du kannst noch so viel Geld bezahlen, aber davon wird kein Korn wachsen und von unserem Geld wird auch keine Kuh satt. Gott lässt jedes Jahr neu das Getreide reifen und das Grün auf der Weide wachsen, dafür können wir ihm gar nicht genug danken."

Backe mit deinen Eltern ein Brot, entweder mit einer fertigen Mischung oder nach einem Rezept.

69

Bibel

Psalm 27, 5

Er bietet mir Schutz in schwerer Zeit und versteckt mich in seinem Zelt.

Viel zu schnell ist für Matthias die Woche bei seinem Opa vergangen. Er hat sich hier so glücklich und geborgen gefühlt. Sein Opa hat so viel mit ihm unternommen. Das abenteuerlichste war gestern die Bergtour mit dem unheimlichen Gewitter.

Sie sind in aller Frühe losgefahren und Opa hat einen ganzen Rucksack voll Proviant mitgenommen. Bis zum Mittag war alles sehr schön. Sie sind beide gut vorangekommen und haben gerade Rast gemacht. Da wird Opas Gesicht mit einem Mal ziemlich ernst. "Oh, oh", sagt er. Ohne zu wissen, warum eigentlich, wird Matthias ganz ängstlich. Er fragt seinen Opa: "Was ist denn los?" Opa ist bereits aufgestanden und fängt an, alles in den Rucksack zu packen. Zu Matthias sagt er: "Schau mal dahinten!" Matthias sieht erst jetzt die dicken schwarzen Wolken. Erst jetzt spürt er, dass es immer stürmischer wird. Er fragt ganz aufgeregt: "Opa, was sollen wir jetzt machen?"

"Wir müssen uns beeilen. Es ist noch ein Stück zu laufen. Ich kenne eine sichere Hütte, in der man sogar übernachten kann." Matthias hört dies und wird ein wenig ruhiger. Er bemüht sich, jetzt nicht schlapp zu machen. Endlich, nachdem sie die letzten Meter im Sturm und Regen gelaufen sind, haben sie die Hütte erreicht. Opa schließt die Tür hinter sich, nimmt Matthias in den Arm und betet: "Gott, danke, dass ich mich bei diesem Unwetter in dieser Hütte schützen darf."

Sammle oder schneide dir kurze Stöcke. Baue dir daraus eine Blockhütte.

70

Bibel

Lukas 15, 9

"Ich habe mein Geld wieder. Schaut her! Freut euch mit mir!"

"Nein, ich komme nicht!" Wütend und ganz laut schreit Lea diesen Satz zu ihrer Kindergartengruppe. Sie sitzt auf der Toilette. Ihre Gruppe bereitet mit Frau Levermann gerade alles vor. Eine Geschichte wollen sie heute hören und, weil das immer so viel Spaß macht, hinterher nachspielen.

Aber Lea hat keine Lust. Vom Gruppenraum ruft Frau Levermann über den Flur in die Toilette: "Lea, beeil dich, wir wollen anfangen!" Alle sitzen gespannt auf ihren Stühlen und warten, dass Frau Levermann beginnt. Aber nein, sie steht auf und geht zu Lea. Es hat eine ganze Weile gedauert. Lea und Frau Levermann kommen. "Das ist aber schön. Seht ihr, Lea macht doch mit", sagt Frau Levermann.

"Na und! Erzählen Sie doch lieber die Geschichte", ruft Georg.

Und Frau Levermann beginnt: "Eine Frau hatte von ihren zehn Hundert-Euroscheinen einen verloren.

Sie wurde traurig und suchte im ganzen Haus danach. Stellt euch vor, als sie den einen gefunden hatte, lud sie alle Nachbarn ein und feierte ein Fest mit ihnen. So wichtig ist es, dass nichts verloren geht."

Nach einem kurzen Moment ruft Jessica: "Ich will die Frau spielen, bitte, Frau Levermann."

"Na gut," sagt Frau Levermann. "Dann brauchen wir noch zehn Kinder, die das Geld spielen." Neun "Geldscheine" haben sie schnell gefunden. Bis auf Lea haben alle eine Rolle. Da steht Lea auf, setzt sich von der Gruppe weg und sagt: "Ich spiele das, was weg war. Aber jetzt will ich wieder dazugehören."

Überlege, wer allein ist. Vielleicht kannst du ihn einmal besuchen.

71

Bibel

Psalm 139, 14

Herr, ich danke dir dafür, dass du mich so wunderbar und einzigartig gemacht hast!

Der Drachen von Johann ist so hoch in den Himmel geflogen, dass die gesamte Schnur ausgewickelt ist. Papa hat zuerst gesagt, dass er heute keine Zeit hat zum Drachensteigenlassen. Aber dann hat Johann doch noch gesiegt und Papa sagte: "Gut, zieh dich an. Mal sehen, ob der Drachen Lust hat!"

Und wie der Drachen dann Lust hat! Er ist sofort ohne Schwierigkeiten hochgeflogen und nicht einmal wieder heruntergesegelt. Nachdem Papa lange die Schnur festgehalten hat, darf endlich auch Johann ganz allein das Band halten. Und obwohl der Wind ganz schön stürmisch bläst, schafft er es ganz allein. Johann, der Drachen und Papa laufen nun über das Feld.

Am Abend, als Johann schon im Bett liegt und Mama und Papa zu ihm kommen, um Gute Nacht zu sagen, ruft Johann sofort: "Ich weiß, was ich heute bete!" Mama und Papa schauen sich ganz verwundert an und setzen sich an Johanns Bett.

Johann betet: "Lieber Gott, ich danke dir, dass wir gesund sind und dass Papa heute so viel Zeit für mich hatte und dafür, dass der Drachen so gut geflogen ist."

Zeichne einen bunten Drachen, wie du ihn dir vorstellst.

72

Bibel

1. Samuel 10, 24

Samuel sagte: Seht ihr jetzt, wen der Herr als König ausgesucht hat?

Samuel ist der Mann, der den Leuten in Israel von Gott erzählt. Er sagt ihnen, was Gott will und was ihm nicht gefällt.

Aber nun, als Samuel alt geworden ist, kommen viele Israeliten und sagen: "Samuel, alle Völker haben einen König. Wir wollen auch einen König haben."

Samuel gefällt das nicht: "Gott ist unser König. Ihm müssen wir gehorchen. Was brauchen wir da noch einen anderen König?"

Als Samuel sich nun mit Gott berät, was er tun soll, da meint Gott: "Die Leute wollen einen König. Nimm Saul, der soll König über mein Volk werden." Samuel lädt Saul in sein Haus ein. Er setzt ihm die Königskrone auf, salbt ihn und damit ist Saul jetzt der König von Israel.

Samuel ruft das ganze Volk zusammen und zeigt ihnen ihren König. Alle freuen sich über Saul. Aber Samuel sagt ihnen: "Unserem König und unserem Volk wird es nur dann gut gehen, wenn ihr zuallererst Gott ehrt und ihm gehorcht."

Verkleide dich als König.

73

4. Mose 13, 23

Sie schnitten eine Weinrebe ab, die so schwer war, dass zwei Männer sie an einer Stange tragen mussten.

Mose zieht mit dem Volk durch die Wüste. Jetzt haben sie die Grenze des Landes erreicht, das Gott ihnen als ihr Land versprochen hat. Mose schickt zwölf Männer los, um sich im neuen Land umzusehen. Ob es dort wohl große Städte gibt? Ob dort wohl Obst und Gemüse wachsen? Das Volk wartet gespannt auf die Männer. Hoffentlich kommen sie bald wieder! Was werden sie alles zu erzählen haben?

Da, ein kleiner Junge hat sie zuerst entdeckt.
Sie kommen zurück. Zwei Männer haben einen langen, starken Ast von Schulter zu Schulter gelegt.

Auf diesem Ast hängt eine Weinrebe, die so groß ist, wie sie noch nie jemand von ihnen gesehen hat. An dieser Rebe hängen viele riesige Weintrauben. Die Männer fangen an zu erzählen: "Das neue Land ist sehr schön. Der Boden ist gut. Viele köstliche Früchte wachsen dort."

Aber die Gesichter der Männer werden nachdenklich. Einer sagt: "Ja, das ist das Land, das Gott uns versprochen hat. Aber noch viel Arbeit liegt vor uns. Ob wir wohl alles schaffen?"

Mose ist froh, dass die lange Wanderschaft zu Ende ist. Aber er ist auch traurig, dass das Volk Gott so wenig zutraut. Er sagt den Leuten: "So oft habt ihr schon erlebt, dass Gott uns geholfen hat. Auch jetzt wird er uns weiter helfen. Vertraut auf ihn!"

Kaufe dir eine Weintraube. Iss eine nach der anderen auf.

74

Bibel

Josua 6, 4

Gott sagt zu Josua: Am siebten Tag sollt ihr siebenmal um die Stadt ziehen und die Priester sollen die Hörner blasen.

Gott hat Josua dazu bestimmt, das Volk Israel aus der Wüste in das gute Land zu führen. Sie kommen vor die riesige Stadt Jericho. Superhohe und ganz dicke Mauern umgeben die Stadt. Für alle ist klar: Diese Festung können wir nicht erobern!

Aber Gott hält zu seinem Volk. Auch wenn der Weg so aussichtslos erscheint, mit Gott zusammen geht es weiter. Gott hat Josua genau erklärt, wie er es schaffen kann, dass die starken Mauern einfallen. Sieben Priester müssen sieben Posaunen tragen und am siebenten Tag müssen sie ganz kräftig in die Posaune hineinblasen.

Josua vertraut auf Gott und er lässt seine Priester in die Posaunen blasen. Und was geschieht? Die superhohen und dicken Mauern von Jericho fallen zusammen. Dem Volk Israel gehört nun Jericho. Sie haben auf Gottes Ratschläge vertraut.

Welches Gebäude in deiner Nähe hat die dicksten Mauern? Miss nach, wie dick sie sind.

75

Bibel

Psalm 26, 6b.+7

Ich darf mich deinem Altar nähern und ihn feierlich umschreiten. Dabei stimme ich ein Loblied an und erzähle von deinen Wundern.

Sabine schläft. Dabei hat sie einen ganz seltsamen Traum: Sie war mit ihrer Freundin auf dem Spielplatz und kommt nach Hause. Ihre Mutter macht ihr auf, und Sabine geht in die Wohnung. Die sieht aber etwas anders aus: Alles ist wie immer, nur eins fehlt: der Tisch, an dem sie immer essen. Sabine fragt ihre Mutter: "Wie sollen wir denn jetzt essen, so ohne Tisch?" Die Mutter antwortet ihr: "Wozu brauchen wir einen Tisch? Essen können wir doch auf dem Fußboden oder im Stehen." Sabine erzählt am andern Morgen diesen Traum ihrer Mutter beim Frühstück. Beide müssen darüber lachen. Sie freuen sich, dass sie nicht auf der Erde

essen müssen, obwohl das in vielen Ländern ganz normal ist. So ein Tisch ist einfach praktisch. Ohne Tisch fehlt was im Haus!
Im Gottesdienst am nächsten Sonntag in der Kirche flüstert Sabine ihrer Mutter ganz leise ins Ohr: "Guck mal, da vorne steht ja auch ein Tisch! Gibts denn hier was zu essen?" Die Mutter antwortet ihr: "Heute nicht, aber auf dem Altar gibt es manchmal Brot und Wein. 'Abendmahl' heißt das dann, weil Jesus mit seinen Jüngern am Abend vor seinem Tod auch Brot gegessen und Wein getrunken hat. Danach hat er gesagt: 'Tut das immer wieder, und denkt dabei an mich!'"

Guck dir mit deinen Eltern den Altar in eurer Kirche an! Versuche ihn zu Hause aus dem Gedächtnis zu malen. Denk dabei auch an die Dinge, die auf dem Altar liegen. Lass dir von deinen Eltern erklären, wozu sie da sind.

76

Bibel

1. Mose 28, 12

Während er schlief, hatte er einen Traum: Er sah eine Treppe, die auf der Erde stand und bis zum Himmel reichte.

Jakob streitet sich oft mit seinem Bruder. Aber gestern hat er ihn richtig böse reingelegt. Er muss Angst haben, dass ihn sein Bruder vor Wut umbringt, so gemein ist er gewesen.

Seit vielen Stunden ist er unterwegs. Jakob ist müde und legt sich irgendwo an den Wegesrand.

Ganz schnell ist er eingeschlafen und hat einen wunderbaren Traum. Eine Leiter reicht bis in den Himmel. Engel klettern an dieser Leiter hoch und runter. Oben, da ist Gott, das weiß Jakob. Und Gott sagt in diesem Traum zu Jakob: "Was du gemacht hast, das ist nicht gut gewesen. Deshalb musst du jetzt viele Jahre im Ausland leben. Aber ich will dich beschützen. Einmal wirst du zurückkommen und für dieses Land ein Segen sein."

Am Morgen, als er aufwacht, ist Jakob so glücklich. Obwohl er schlechte Dinge getan hat, hat Gott ihn nicht verlassen. Er nimmt sich fest vor: Wenn ich zurückkomme, werde ich hier etwas bauen, damit sich andere an Gott erinnern.

Baue aus Legosteinen etwas, was dich an Gott erinnern kann. Stelle es auf das Fensterbrett, damit du dich in den nächsten Tagen an ihn erinnerst.

77

Bibel

Johannes 4, 7

Jesus bat die Frau: Gib mir etwas zu trinken.

Gemeinsam mit seinen Jüngern ist Jesus auf einer langen Reise, natürlich zu Fuß. Alle sind müde und durstig. Jesus lässt sich an einem Brunnen nieder, seine Freunde ziehen in die nahe Stadt um Brot zu kaufen.

Da kommt aus der Stadt eine Frau. Sie trägt einen großen hohen Krug auf dem Kopf, mit dem sie Wasser holen will. Die Juden, zu denen Jesus gehört, sagen immer zu den anderen: Ihr betet nicht richtig! Und eigentlich hätte Jesus jetzt gar nicht mit der Frau reden dürfen. Aber Jesus kümmerte sich um so was nicht.

Er bittet die Frau: "Gib mir einen Schluck Wasser!" Zunächst ist die Frau ganz erschrocken. Aber dann wundert sie sich. Der fremde Mann erklärt ihr viel.

Die Frau ist überzeugt: "Du musst ein heiliger Mann sein. Sag mir, wie ich richtig beten soll."

Da setzt sich Jesus neben die Frau und sagt: "Es ist egal, ob du auf einem Berg betest oder abends im Bett. Es kommt nicht auf den Ort an, sondern auf dein Herz. Wenn du Gott lieb hast, kannst du beten, wo immer du willst."

Was betest du am liebsten, wenn du abends ins Bett gehst?

78

Bibel

Jona 4, 6

Jona freute sich sehr über die Pflanze.

Jona ist mächtig sauer auf Gott. Warum?! Gott hat ihn in die Stadt Ninive geschickt. Er soll den Menschen dort sagen, dass sie endlich mal wieder an Gott denken sollen. Die Bewohner der Stadt hören sogar auf das, was Jona ihnen von Gott ausrichtet. Es tut ihnen Leid und sie bereuen alles Böse, was sie gemacht haben. Deshalb bestraft sie Gott nicht. Darüber ist Jona wütend. Er findet, dass diese Menschen Strafe verdient haben, weil sie so böse gewesen sind.

Jona verlässt die Stadt und legt sich erschöpft auf eine Wiese. Es ist sehr heiß. Gott lässt für Jona eine Pflanze wachsen, deren Blätter ihm Schatten spenden. Jona freut sich darüber. Doch dann schickt

Gott einen Maulwurf, der die Pflanze kaputt macht. Jona ärgert sich sehr über Gott.

Gott fragt Jona: "Meinst du, dass du mit Recht auf mich wütend bist?"

Jona ruft völlig außer sich: "Natürlich habe ich Recht! Die arme Pflanze! Du hast sie kaputt gemacht!"

Da spricht Gott: "Du hast Mitleid mit einer Pflanze, die du nicht einmal selbst großgezogen hast. Und du verstehst nicht, dass ich Mitleid mit den vielen Menschen von Ninive habe?!"

Sammle bunte Blätter. Lass dir beim Pressen der Blätter helfen. Du kannst daraus später ein schönes buntes Herbstbild kleben.

79

Bibel

Römer 12, 18

So weit es irgend möglich ist und von euch abhängt, lebt mit allen Menschen in Frieden.

Die Nächte sind ziemlich kalt. Aber wenn vormittags die Sonne herauskommt, dann treffen sich Daniel und Florian unten im Hof und spielen miteinander. Daniel will immer der Bestimmer sein. Florian gefällt das nicht. Aber er wohnt noch nicht lange hier und andere Jungs zum Spielen gibt es nicht.

An diesem Vormittag kommt Daniel sofort auf Florian losgestürmt: "Schau mal, was ich habe." Daniel sieht zwei Äste und wenn er sich Mühe gibt, kann er zwei Gewehre darin erkennen. Daniel fragt: "Wollen wir Gangster spielen?"

Und schon kämpfen die beiden. Daniel schießt zwischen zwei Mülltonnen hindurch, aber er trifft

Florian nicht. Mit einem Mal, Daniel hat es gar nicht mitbekommen, steht Florian hinter ihm. Florian schreit: "Du musst schon längst umfallen!" Daniel denkt gar nicht daran. Er versucht wegzulaufen. Da haut Florian mit seinem Gewehr auf Daniel. Der schreit auf. Florian bekommt einen Schreck. Ohne sich umzudrehen, rennt Daniel ins Haus. Ihm tut der Rücken weh. Außerdem ist er wütend. Am liebsten würde er Florian verhauen. Aber er tut etwas ganz anderes.

Er steht hinter der Gardine in seinem Wohnzimmer und wartet, bis Florian rein geht. Ganz heimlich läuft er nach unten und zerbricht beide Gewehre in ganz kleine Holzstückchen. Plötzlich steht Florian hinter ihm und sagt: "Du hast Recht. Zerbrochene Gewehre sind die besten. Sei nicht mehr böse!"

Schau in deiner Spielzeugkiste nach, ob du dort Waffen findest. Überlege mit deinen Eltern, ob du die Waffen wirklich brauchst.

80

Bibel

Lukas 15, 18

Er sagte: Ich will zu meinem Vater gehen.

"Wann fängt Jesus denn nun endlich an zu erzählen?", will Lea wissen. Sie klettert gespannt auf den Schoß ihrer Mutter. Da beginnt Jesus auch schon: "Von einem Vater und seinen beiden Söhnen will ich erzählen. Dieser Vater hat beide Söhne gleich lieb. Eines Tages kommt der Jüngere und sagt: 'Vater, gib mir mein Geld, ich will woanders wohnen.'

Schweren Herzens lässt der Vater seinen Sohn ziehen. Aber schon nach kurzer Zeit hat der Sohn alles Geld ausgegeben. Er sitzt eines Abends in einem Schweinestall und murmelt vor sich hin: 'Warum bin ich nur von zu Hause weg!'

Er bekommt Heimweh und beschließt: 'Ich will zu meinem Vater gehen.' Auf dem Weg nach Hause überlegt er, ob sein Vater ihn überhaupt noch will.

Von weitem sieht ihn schon sein Vater. Er ruft ihn, umarmt und küsst ihn: 'O, mein Sohn, dass du wieder da bist! Das ist heute mein glücklichster Tag.'"

Lea umarmt ganz fest ihre Mutter und steht dann auf. Jesus sagt: "Ja, wie der Sohn zu seinem Vater kam, so kann auch jeder zu Gott kommen. Ganz egal, wo er gerade steckt. Gott hat offene Arme."

Überlege dir, wie du deinem Vater eine Freude machen kannst.

81

Bibel

Psalm 90, 10

Wie schnell eilen die Jahre vorüber. Wie rasch fliegen sie davon!

Omas Wohnung sieht aus wie ein Blumenladen. Auf dem langen Fensterbrett im Wohnzimmer steht Vase an Vase mit den schönsten Blumen. Und was die Oma sonst nie gemacht hat: Neben der Blumenbank steht ein Eimer voller blühender Blumen.

Janina war mit ihrer Mutter gekommen, um der Oma beim Aufräumen zu helfen. "Vielleicht kannst du mal die Blumen durchsehen, einige sind schon verblüht", sagt Oma zu Janinas Mutter.

Letzte Woche hatte die Oma ihren 80. Geburtstag gefeiert. Da sind sehr viele Leute gekommen, um zu gratulieren. Sogar der Pfarrer und der Bürgermeister waren da. Alle hatten sie Blumen mitgebracht.

Während sich die Mutter an die Arbeit macht, steht Janina vor dem Fenster und bewundert die herrlich duftenden Nelken. Oma beobachtet Janina und fragt: "Die sind schön, was?" Janina sieht ihre Oma an: "Ja, die sind schön. Was meinst du, wie viele du erst zum 90. Geburtstag bekommst."

"Weißt du, ich will gar nicht 90 Jahre alt werden", überrascht die Oma Janina und redet dann weiter: "Ich bin jetzt 80 Jahre auf dieser Welt. Viel Schönes habe ich gesehen. 6 Kinder und einen lieben Mann hatte ich. Zwei schlimme Kriege musste ich miterleben. Weißt du, Janina, in meinem Leben war so viel los. Ich bin manchmal so müde. Und ich freue mich auf Gottes Welt. Dort bin ich dann zu Hause, wenn ich einmal nicht mehr hier bin."

Bastele dir mit deinen Eltern eine Jahreszeiten-Uhr!

82

Bibel

Jesaja 44, 6

Ich bin der Erste und der Letzte. Außer mir gibt es keinen Gott.

Leon wird nachdenklich. Er fragt seinen Vater: "Du, Papa, wo kommt eigentlich alles her? Ich weiß, dass Mutti mich als Baby bekommen hat. Und Oma hat Mutti geboren. Und Uroma hat Oma geboren. Aber was war vorher? Vor dem ersten Menschen, bevor es die Welt gab?" Jetzt wird auch Leons Vater nachdenklich. Aber er hat gar keine Zeit eine Antwort zu finden, denn Leon stellt schon die nächsten Fragen: "Und wie wird alles weitergehen? Ich werde Kinder haben. Und die werden Kinder haben. Und dann sterben die Menschen vielleicht irgendwann aus, die Welt geht unter. Was wird danach sein?"
Der Vater ist ganz erstaunt über Leon: Wie kann er so weit denken? Leons Vater hat darüber bis jetzt noch nicht nachgedacht. Darum weiß er auch

keine Antwort. Da kommt Oma rein. Das ist gut. Oma weiß immer Rat. Leon stellt ihr seine Fragen: "Was war ganz im Anfang? Und was wird am Ende sein?"

Oma nimmt ein Blatt Papier und zeichnet darauf einen Kreis. Dann fragt sie: "Wo ist der Anfang vom Kreis? Und wo ist das Ende?" Leon sieht: Der Kreis hat keinen Anfang und kein Ende. Und Oma sagt: "So ist Gott auch: Er hat keinen Anfang und kein Ende. Bevor alles entstand, war Gott schon da. Und er wird auch am Ende immer noch da sein."

Leon denkt: "Das ist schön."

Zeichne einen Kreis auf ein Blatt Papier, und zeige ihn anderen! Dann stell ihnen die Rätselfrage: "Was hat keinen Anfang und kein Ende außer diesem Kreis?" Male die Antworten in den Kreis hinein.

83

Bibel

Johannes 11, 25

Jesus sagte: Ich bin die Auferstehung und ich bin das Leben.

"Du, Opa", fragt Robert, "warum werden die Gräber eigentlich im Herbst mit Tannengrün zugedeckt? Stimmt es, dass die Toten sonst frieren würden?" Opa ist ein bisschen genervt. Robert fragt immer und überall. Manchmal wartet er gar nicht die Antworten ab und stellt gleich die nächste Frage: "Du, Opa, warum stehen hier auf dem Friedhof so viele Kreuze?"

"Ja, warum so viele Kreuze?", murmelt Opa. "Wisst ihr, wir Christen glauben, dass mit dem Tod nicht einfach alles vorbei ist. Jesus ist am Kreuz gestorben und Gott hat ihn zu sich geholt, als er tot war. Ich denke, dass Oma jetzt auch bei Gott ist."

Mit offenem Mund starrt Robert seinen Opa an. Rebekka fängt an zu weinen und drückt sich ganz fest an ihren Opa. Der tröstet sie: "Da musst du nicht weinen, das ist doch eine sehr schöne Hoffnung."

Robert stellt schon die nächste Frage: "Ja, aber warum sind denn alle Kreuze leer?" Opa lächelt und sagt: "Weil Gott Jesus vom Kreuz erlöst hat und das Kreuz leer war. Und diese vielen leeren Kreuze hier auf dem Friedhof sind Hoffnungen von Christen, dass ihre Toten auch zu Gott kommen, so wie eure Oma."

Wo kannst du überall Kreuze der Hoffnung entdecken? Schau dich einmal gut in deiner Umgebung um.

84

Bibel

1. Samuel 17, 46

Die ganze Welt soll erfahren, dass wir Israeliten einen mächtigen Gott haben.

David ist der Jüngste. Er muss die Schafe seines Vaters hüten, während seine drei älteren Brüder mit Saul, dem König des Volkes Israel, gegen die bösen Philister kämpfen dürfen. Darüber ist David sauer.

Eines Tages ruft ihn sein Vater zu sich: "Geh, bring deinen Brüdern etwas zu essen!" Na endlich, wenigstens hingehen darf er.

"Ich werde euch alle verjagen, wie Hühner werdet ihr davonrennen. Gegen mich hilft euch euer komischer Gott auch nicht!" David fährt erschrocken herum. Wer wagt es da, Gott so zu beleidigen? Es ist der Riese Goliath von den Philistern. Er sieht aus, als wäre er aus Eisen. Gleich würde Saul losschlagen gegen den Riesen. "Na, ihr Feiglinge?", brüllt Goliath und David sieht, wie die Israeliten zittern.

"Ich werde gegen den Riesen kämpfen!", ruft David Saul zu. Aber Saul meint: "Nein, du bist viel zu jung." David lässt sich aber nicht davon abbringen. Mit seiner Steinschleuder geht er Goliath entgegen. Der lacht: "Du kleiner Wicht trittst gegen mich an? Vogelfutter mach ich aus dir!"

"Du kennst meinen Gott nicht!", gibt David zurück. Er nimmt in aller Ruhe einen Stein und legt ihn in seine Schleuder. Er zielt, schießt und trifft Goliath mitten auf die Stirn. Der bricht zusammen. Als die Philister dies sehen, rennen sie schreiend davon.

Und David? Er wird später König von Israel.

Wie stellst du dir den Riesen Goliath vor? Male ihn.

85

Markus 14, 30

Jesus erwiderte Petrus: "Noch ehe heute Nacht der Hahn zwei Mal kräht, wirst du drei Mal behaupten, dass du mich nicht kennst."

Petrus steht am Feuer und wärmt sich die Hände. "Hey, du", spricht ihn eine Dienerin an. "Du warst doch auch mit diesem Jesus zusammen." Petrus erschrickt: "Ich weiß gar nicht, wovon du redest." Schnell geht Petrus vom Feuer weg in die Halle. In diesem Augenblick kräht ein Hahn.

Doch das Mädchen sieht Petrus wieder in der Halle. "Der gehört auch zu Jesus", sagt sie zu dem Mann, der neben ihr steht. "Nein, nein", stammelt Petrus. Ein Knecht ruft: "Natürlich warst du auch dabei. Du bist doch aus Galiläa!"

Jetzt bekommt Petrus es wirklich mit der Angst zu tun. Laut schwört er: "Gott soll mich strafen, wenn ich lüge! Ich kenne den Mann nicht, von dem ihr redet!" Da kräht der Hahn zum zweiten Mal. Petrus erinnert sich an das, was Jesus zu ihm gesagt hatte. Er geht hinaus und weint verzweifelt.

Obwohl Petrus Jesus enttäuscht hat, hat Jesus ihm vergeben.

Klebe aus Buntpapierschnipseln einen farbenprächtigen Hahn.

86

Bibel

Johannes 12, 24

Ein Weizenkorn, das nicht in den Boden kommt und stirbt, kann keine Frucht bringen, sondern bleibt ein einzelnes Korn. In der Erde aber keimt es und bringt viel Frucht.

Das ist ein Gekicher und Getuschel! Die Weizenkörner sind ganz aufgeregt. Der Großvater hat sie alle zusammen in einen Sack getan. Heute ist der große Tag. Die Weizenkörner werden gesät. Was für ein Gedränge ....

Großvater greift in den Sack. Er holt eine Hand voll Körner heraus und wirft sie auf das Land. Toll, die Erde ist weich und warm von der Sonne. Was für ein tolles Leben! Doch bald wird es still bei den Weizenkörnern. Was ist passiert?

Die munteren Weizenkörner sind tot. Die Wolken vergießen ein paar Tränen, die als Regen auf die Erde fallen. Doch was ist das? Nach ein paar Tagen regt sich etwas bei den Weizenkörnern. Ein Keim schiebt sich heraus. Aus dem toten Weizenkorn wächst etwas Neues. Bald sieht das ganze Weizenfeld wie eine grüne Wiese aus.

Im Herbst kommt der Großvater zum Feld. Es leuchtet goldgelb. Die Ähren wiegen sich im Wind. Wenn er genau hinhört, kann er die jungen Weizenkörner tuscheln hören ...

Ostern ist etwas ganz Ähnliches passiert: Jesus musste als Mensch sterben. Nach drei Tagen hat Gott ihn vom Tod auferweckt. Jesus ist jetzt immer bei uns. Durch seinen Tod ist etwas Neues entstanden.

Lege in ein leeres Marmeladenglas Watte als Erde. Säe Weizenkörner darauf, halte es feucht und beobachte, was geschieht.

87

Lukas 24, 30-31

Als sie sich zum Essen gesetzt hatten, nahm Jesus das Brot, dankte dafür, teilte es in Stücke und gab es ihnen. Da plötzlich erkannten sie Jesus.

Zwei Männer sind unterwegs. Es sind Jünger Jesu. Sie reden leise miteinander. Der Weg erscheint ihnen unheimlich lang. Plötzlich geht ein Mann mit ihnen. Es ist Jesus, aber sie erkennen ihn nicht.

Den ganzen Weg geht Jesus mit seinen Jüngern, bis sie in einem Dorf ankommen, das Emmaus heißt. "Herr", laden die Männer Jesus ein, "bleibe bei uns, denn es wird schon dunkel."

Jesus nimmt die Einladung an. Beim Abendessen zerteilt Jesus das Brot und verteilt es. Er gießt Wein

ein und reicht den Becher an die Jünger. Plötzlich fällt es den beiden wie Schuppen von den Augen: Der Mann ist Jesus! Aber in diesem Augenblick ist Jesus schon verschwunden.

Die beiden Männer sind ganz aufgeregt. Sofort machen sie sich auf den Rückweg. Der Weg fliegt nur so an ihnen vorbei. Als sie in Jerusalem ankommen, erzählen sie allen ihren Freunden, dass sie Jesus gesehen haben, dass er lebt!

Wie sind die Jünger den Weg gelaufen? Spielt euren Eltern den Hin- und Rückweg vor!

88

Bibel

Johannes 11, 25

Jesus erwiderte ihr: Ich bin die Auferstehung, und ich bin das Leben. Wer an mich glaubt, der wird leben, selbst wenn er stirbt.

Vor langer Zeit lebte ein Kaiser. Er hieß Maxentius. Der Kaiser war ein mächtiger Mann. Maxentius hatte zwar von Jesus gehört, aber er glaubte nicht, dass Jesus vom Tod auferstanden ist. "Es gibt keine Auferstehung!", ließ er im ganzen Land verkünden.

Es lebte in seinem Land eine kluge und fromme Frau. Sie hieß Katharina. Sie glaubte an die Auferstehung. Sie sprach darüber mit den Menschen, die zu ihr kamen.

Eines Tages hörte auch Maxentius von dieser Frau. Der Kaiser befahl Katharina zu sich. "Ich glaube nur, was ich sehe", sprach der Kaiser zu Katharina. "Wenn aus einem Stein Leben kommt, will ich an die Auferstehung glauben."

Am nächsten Tag stand Katharina wieder vor dem Kaiser. In ihrer Hand hielt sie ein Ei. "Sieh her, Kaiser," rief sie und klopfte an die harte Schale, "wenn du etwas Geduld hast, kannst du das Wunder sehen." Es dauerte eine Weile und die Schale bekam Risse. Nach einiger Zeit streckte ein Küken seinen Kopf heraus. Staunend schaute der Kaiser auf das piepsende Leben in Katharinas Hand.

Lass dir ein Ei ausblasen und mal es bunt an; es soll dich noch lange an die Auferstehung Jesu erinnern.

89

Bibel

Johannes 20, 18

"Ich habe den Herrn gesehen!"

Maria ist früh aufgestanden. Sie will zu Jesus' Grab gehen. Schon von weitem sieht sie, dass der schwere Stein vom Eingang der Grabhöhle weggerollt wurde.

Oh Schreck, denkt Maria, wohin hat man Jesus gebracht? Tränen laufen über ihr Gesicht, als sie vorsichtig in die Höhle blickt. Was sind das für komische Gestalten? Zwei Männer, die weiße Kleider anhaben, schauen Maria an. Maria ahnt nicht, dass sie es mit Engeln zu tun hat. Die fremden Männer machen Maria ein bisschen Angst. Leise verlässt sie die unheimliche Grabkammer. An der frischen Luft fühlt sie sich sicher.

Neben einem Baum steht ein Mann. Das muss der Gärtner sein, denkt Maria. "Warum weinst du, Maria?" Der Gärtner blickt Maria freundlich an.

Maria traut ihren Augen kaum, als sie genauer hinsieht. "Herr! Du bist es!", ruft sie überrascht. Jetzt sind es Tränen der Freude, die ihr über das Gesicht laufen. Sie hat Jesus, ihren Herrn, erkannt.

"Ich werde zu Gott, meinem Vater zurückkehren", sagt Jesus. "Geh du zu den anderen und erzähle ihnen, dass du mich gesehen hast."

Stell dir vor, du schaust in diesen Garten durch das Schlüsselloch des Gartentors: Male, was du da siehst!

90

Bibel

Jesaja 58, 7

Gebt den Hungrigen zu essen, nehmt Obdachlose bei euch auf, und wenn ihr einem begegnet, der in Lumpen herumläuft, gebt ihm Kleider!

Thorsten und Jörg spielen im Wald an einem Teich. Der Boden am Ufer ist feucht und schlammig. Thorsten hat Halbschuhe an, Jörg Stiefel. Beide sinken immer wieder bis zu den Knöcheln ein. Als sie dann schließlich zu Hause sind, heißt es: "Was habt ihr denn nur gemacht?" Jörg sagt: "Wieso, meine Füße sind trocken." Da sagt seine Mutter: "Da siehst du mal, wozu Stiefel gut sind." Und Jörg weiß, wozu man die Stiefel auch noch gut gebrauchen kann: Den Tag vor Nikolaus stellt er einen davon vor seine Zimmertür. Am nächsten Morgen wird er voll sein. Und was da alles rein geht!

Seine Mutter hat ihm erzählt, dass der heilige Nikolaus auch gerne Stiefel getragen hat, weil er so viel zu Fuß unterwegs war. Und die Wege waren damals schlecht. Er ist so viel gereist, um armen Leuten zu helfen. Er verteilte an sie etwas zu essen, damit sie nicht verhungern mussten.
In Erinnerung an ihn feiern wir den Nikolaustag und stellen Stiefel vor die Tür. Wir lassen uns beschenken, wie Nikolaus die Armen beschenkt hat.

Überleg dir, wem du helfen kannst!
Und dann mache diesem Menschen eine Freude.

91

Bibel

Matthäus 5, 7.14

Glücklich sind die Barmherzigen, denn Gott wird auch mit ihnen barmherzig sein. Ihr seid das Licht, das die Welt erhellt.

Martin lebte vor langer Zeit. Er war von Beruf Soldat. Also zog er in den Krieg und brachte über viele Menschen großes Leid.
Eines Tages kam er an einer Stadt vorbei. Vor dem Stadttor saß ein alter Mann. Der bettelte dort um Essen, weil er arm war. Außerdem war es Winter, und so fror er, weil es kalt war. Martin betrachtete diesen Menschen. Er tat ihm leid, obwohl Martin schon so viel Schlimmes gesehen hatte. Martin stieg von seinem Pferd ab, zerteilte seinen Mantel mit seinem Schwert und gab die eine Hälfte dem Mann, damit er sich warm halten konnte.
Dies Erlebnis konnte Martin nicht mehr vergessen: Er wurde Christ und fing an, auf Jesus zu vertrauen. Er wollte nicht länger Soldat sein, weil Jesus sagt,

dass wir andern Menschen nicht wehtun, sondern ihnen helfen sollen.
"Ihr seid das Licht der Welt", sagt Jesus zu denen, die so leben wollen wie er. Wenn wir so handeln wie Martin, dann bringen wir Licht in die Welt. Darum ziehen die Kinder am "Martinstag", am 11. November, mit Laternen durch den Ort. So werden alle daran erinnert, Gutes zu tun – wie Martin es getan hat.

Bastele mit deinen Eltern eine Laterne mit deinem Namen drauf! Sie kann dich dann immer daran erinnern, dass du ein Licht bist, das Jesus in die Welt geschickt hat.

92

Bibel

Psalm 24, 7

Der König will einziehen, die höchste Majestät!

"So ein Mist, warum geht denn das Ding nicht auf?" Sabines Papa schimpft. Mit ihren Eltern ist Sabine an diesem Nachmittag zur Bodenkammer hinaufgestiegen.

Als Sabines Mutter nach dem Mittag sagte: "Heute holen wir unseren Adventsschmuck herunter", da rief Sabine: "Au ja, eine große Plastiktüte und ein alter Koffer stehen da oben. Die sind voll mit den schönsten Sachen."

Und nun stehen sie hier oben und Papa bekommt das Schloss vom Koffer nicht auf. Mama hat immer die besten Einfälle. Sie meint: "Dann nehmen wir den Koffer mit runter und unten bekommt das Schloss erst einmal einen Schluck Öl."

Der Koffer ist fast so groß wie der Küchentisch. "In der Adventszeit ist eben alles spannend", lächelt Papa und Sabine stöhnt: "Und immer und überall muss man warten."

"Du wirst es nicht glauben, Sabine", antwortet Papa, "aber Advent heißt ja auch, dass wir Jesus erwarten. Denn nach der Adventszeit fängt etwas ganz Neues an." "Weihnachten!", ruft Sabine.

Papa probiert noch einmal, den Koffer zu öffnen. Das Schloss springt auf und alle drei packen aus. Sabine hat vor Aufregung ganz rote Wangen. Es ist, als wenn die Tür schon einen Spalt offen ist und sie einen Hauch von Weihnachten spüren kann!

Kennst du in deiner Nähe eine Stadt mit einem Stadttor?

93

Bibel

Matthäus 2, 2

Wir haben seinen Stern aufgehen sehen und sind hierher gekommen, um ihn anzubeten.

Ein Stern leuchtet hell in der Nacht. Gott hat diesen besonderen Stern an den Himmel gestellt. Er zeigt an, dass sein Sohn Jesus geboren wurde.

Da wird er auch schon von drei weisen Männern entdeckt. Sie reisen nach Jerusalem in den Palast des Königs Herodes. "Dort wird der kleine Prinz geboren sein", denken sie und nehmen ihm Geschenke mit.

Doch der König ist sehr erschrocken. Er weiß nichts von einem neugeborenen König, aber der Stern leuchtet hell und klar.

"Folgt dem Stern nach Bethlehem, dort muss der neue König geboren werden." Diesen Tipp erhalten sie von den Gelehrten des Königs.

"Findet das Kind", bittet Herodes die Weisen, "ich will es dann auch ehren und beschenken." Der Stern strahlt hell auf, die Männer folgen ihm auf dem Weg. Über einem kleinen Stall im Dorf Bethlehem bleibt er stehen, funkelt und glitzert, dass es eine wahre Freude ist. Dort im Stall finden die drei Weisen das Kind und seine Eltern. Jeder kann in diese Hütte kommen, denn Jesus ist für alle Menschen geboren.

Bastelanleitung für einen Stern: Schneide dir ein quadratisches Stück Papier. Falte es wie dargestellt: Schneide auf den Seiten jeweils bis zum ersten Knick ein. Falte das Papier an den Ecken zur Mitte.

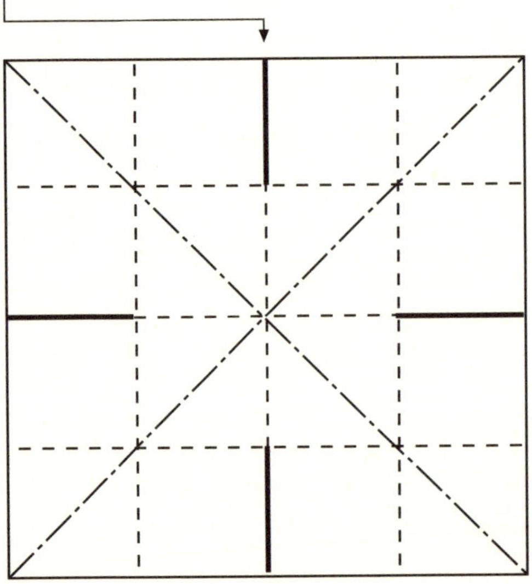

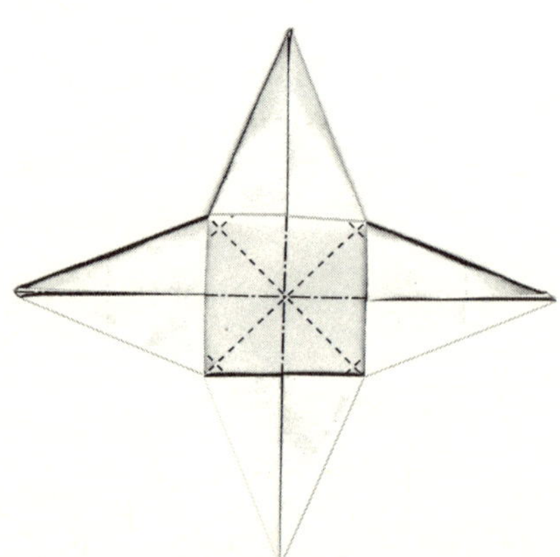

94

Bibel

Lukas 3, 11

Wer zwei Hemden hat, soll dem eins geben, der keins besitzt. Und wer etwas zu essen hat, soll seine Mahlzeit mit Hungrigen teilen!

Habt ihr schon einen Adventskranz? Als Charlottes Mama die Kerzen in den grünen Kranz steckt, meint sie: "Ein Glück, dass es heutzutage nur noch vier Kerzen auf dem Adventskranz gibt." Verwundert fragt Charlotte: "Wieso?" "Na ja, weißt du, wer den Adventskranz erfunden hat?", fragt Mama. Charlotte ruft ganz verwundert: "Aber den gibts doch schon immer!"

"Nein, Charlotte, den gibts nicht schon immer. Vor vielen Jahren lebte in Hamburg Johann Hinrich Wichern. Er nahm in seinem Haus arme Kinder auf, die keine Eltern und kein Zuhause hatten. Er gab ihnen zu essen und erzählte ihnen von Jesus." "Ja, ja", Charlotte ist ganz aufgeregt und will wissen: "Aber wie wurde denn nun der Adventskranz erfunden?"

Mama erzählt weiter: "So wie du mich jeden Tag in der Adventszeit fragst, wieviele Tage es noch bis Weihnachten sind, so haben die Kinder damals in Hamburg den Herrn Wichern gefragt. Und der hatte dann eine Idee: Er nahm einen Holzkranz mit 19 dünnen weißen und vier dicken roten Kerzen. Jeden Tag wurde nun eine Kerze angezündet ..."

"Und weil jetzt nur vier dicke rote Kerzen stehen, kann ich dich auch dieses Jahr wieder jeden Tag fragen: Wieviele Tage sind es denn noch?"

Schmücke dein Zimmer mit einem Tannenzweig und einem Stern.

95

Bibel

Jesaja 9, 1

Das Volk, das im Finstern lebt, sieht ein großes Licht.

Bei Degeners werden jetzt jeden Abend die Adventskerzen angezündet. Johann und Simon finden es besonders gemütlich. Mama macht das elektrische Licht aus und nur die Kerzen strahlen in das Zimmer hinein.

Papa liest jeden Abend eine Geschichte vor. "Du, Papa", fragt Simon, "wussten die Menschen denn vor der Geburt von Jesus schon, dass er geboren wird?"

Simon nimmt Papa das Buch aus der Hand, setzt sich auf seinen Schoß und wartet auf eine Antwort. "Weißt du, Simon, den Israeliten ging es nicht besonders gut. Jesaja war ein Mann, der ihnen immer wieder Hoffnung gemacht hat."

Johann fragt dazwischen: "Hatten die damals auch schon Kerzen?"

"Nein", lächelt Johanns Mama. "Aber dieser Mann Jesaja, der sagte den Israeliten, die verzweifelt waren, dass es für sie bald ein großes Licht geben wird." "Und damit meinte er Jesus, stimmts?", ruft Simon.

Frage deine Eltern, ob du mit ihnen zusammen eine Kerze anzünden darfst.

96

Bibel

Römer 6, 23

Gott aber schenkt uns in der Gemeinschaft mit Jesus Christus, unserem Herrn, das ewige Leben.

Endlich! Papa holt den Weihnachtsbaum ins Wohnzimmer und stellt ihn auf. Mama kommt und meint: "Ja, der ist schön. Na, dann schmückt ihn mal."

Simon und Papa machen sich an die Arbeit. "Du, warte noch einen Moment", sagt Papa. "Ich werde erst die Lichterkette befestigen." Eigentlich wollte Simon sofort loslegen mit dem Schmücken. Aber nun muss er wieder mal warten. Er beginnt die große Kiste mit den goldenen und roten Kugeln auszupacken. Alte Weihnachtskarten findet er. Auch einen kaputten Holzengel. Und während Papa gerade auf die Lichterkette schimpft, weil sie nicht bis zur Steckdose reicht, macht Simon einen seltsamen Fund.

"Ob die noch gut sind?", fragt er. Aber Papa hat es wohl nicht gehört. Ganz unten in der Kiste liegt eine große Schachtel Pralinen. An der Farbe der Schachtel sieht man, dass sie mächtig alt sein muss. Leider ist sie mit einem Band verknotet. Mit den Pralinen geht Simon zur Mama.

"Wo hast du die denn gefunden?", fragt ganz froh gelaunt Mama. Und ohne eine Antwort abzuwarten erzählt sie: "Als kleines Mädchen hab ich die mit meiner Oma gebastelt ... " Simon schaut ungläubig: "Gebastelte Pralinen?" Mama öffnet die Schachtel und zum Vorschein kommen herrliche Strohsterne. "Die hängen wir an den Baum", ruft Simon.

Als es am Nachmittag anfängt, draußen dunkel zu werden, macht Papa einmal Probeleuchten beim geschmückten Weihnachtsbaum: "Die Kerzen leuchten überall hin und unser immergrüner Baum sagt uns: Jesus ist zu uns gekommen und wird immer bleiben."

Anleitung: Mache dir von dieser Vorlage eine Schablone. Lege sie auf grüne Pappe und zeichne vier Weihnachtsbäume ab. Schneide sie aus und knicke sie der Länge nach mittig. Diese vier Weihnachtsbäume werden so zusammengeklebt:

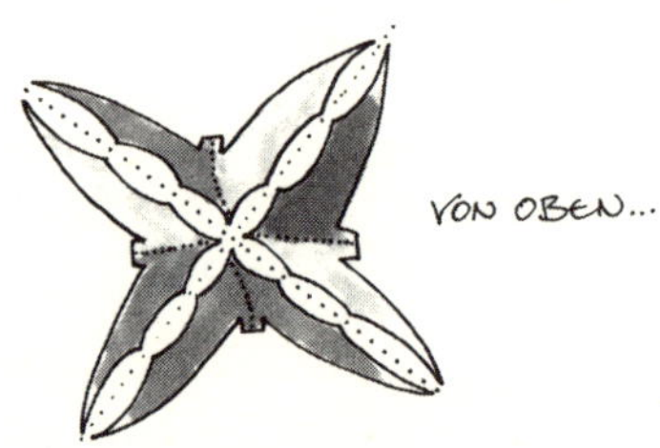

97

Lukas 2, 7

Maria wickelte Jesus in Windeln und legte ihn in eine Futterkrippe im Stall.

Kaiser Augustus erlässt ein Gesetz. Alle Menschen sollen in ihre Heimatstadt gehen und sich dort melden. Auch Josef, der mit seiner Frau Maria in Nazareth wohnt, muss diesem Gesetz gehorchen. Deshalb macht er sich mit Maria auf den Weg.

Für sie ist die weite Wanderung am schwersten. Sie ist schwanger und jeden Tag kann ihr Kind kommen. Maria macht sich Sorgen: "So viele Leute ziehen gerade jetzt nach Bethlehem, hoffentlich werden wir wenigstens ein Dach über dem Kopf haben, wenn unser Kind kommt."

Als sie dann endlich Bethlehem erreicht haben, suchen sie ein Zimmer für sich. Aber überall, wo sie fragen, bekommen sie zur Antwort: "Da kommen Sie zu spät. Das Zimmer ist schon belegt." Nur einer, der bemerkt, was los ist, sagt zu ihnen: "Sind Sie schwanger?" Maria antwortet: "Ja! Das Kind wird bald kommen."
Da sagt der Mann: "Meine beiden Zimmer sind schon belegt, aber im Stall neben den Schafen und Ziegen ist noch Platz." Josef atmet auf: "O ja, diesen Platz nehmen wir."

In dieser Nacht bekommt Maria ihr erstes Kind, einen Sohn. Sie wickelt ihn in Windeln und dann legt sie ihn in eine Futterkrippe, die Josef vorher mit Heu gepolstert hat.

Bastelt aus einer Streichholzschachtel eine Krippe.

Streichholzschachtel-Krippe

1. Klebe das Hintergrundbild auf die innere Streichholzschachtelwand auf.

2. Knicke die Lasche an der markierten Linie um und klebe sie auf den Streichholzschachtelboden auf, so daß Maria und Josef vor den Tieren sitzen.

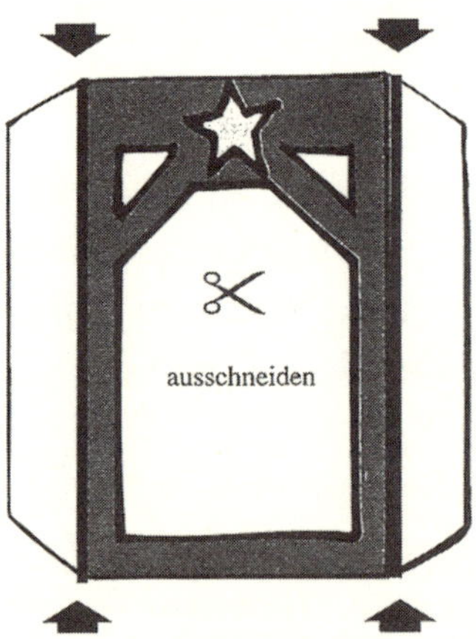

3. Dies ist die Stallvorderseite. Knicke die beiden Laschen an den markierten Linien um und klebe sie an den inneren Seiten der Streichholzschachtel fest.

4. Klebe dieses Bild auf die Außenseite der Streichholzschachtel. Fertig ist die Streichholzschachtel-Krippe!

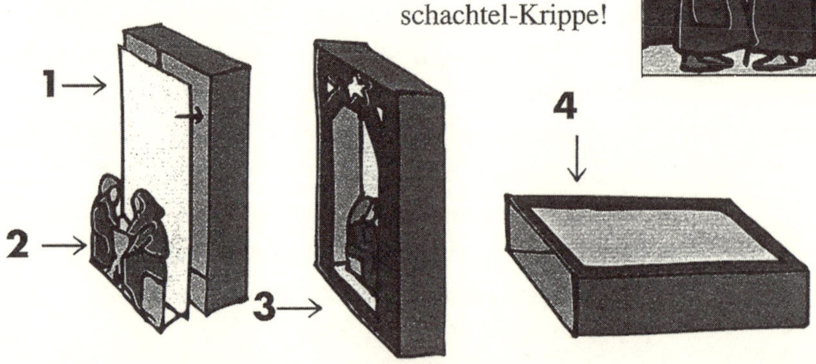

98

Bibel

Lukas 2, 10

Der Engel sagte: Fürchtet euch nicht!

Nicht weit vom Stall, in dem Jesus geboren wurde, waren in der Nacht Hirten, die sich um ihre Schafherde kümmerten. Sie spürten, dass in dieser Nacht etwas anders war als sonst. Sie bekamen Angst. Und dann wurde es plötzlich ganz hell um sie herum. Sie warfen sich zu Boden und versuchten, ihre Augen zu schützen.

Da hörten sie einen Engel reden: "Habt keine Angst! In dieser Nacht ist Jesus für euch geboren! Wenn ihr ein Kind seht, in Windeln gewickelt und in einer Krippe liegend, dann könnt ihr euch sicher sein: Es ist der Herr Jesus."

Die Hirten hörten aufmerksam zu. "Wohin sollen wir gehen? Was soll denn in einem Stall in Bethlehem schon passieren?", sagt Benjamin. "Du hast doch die Engel gehört, die lügen uns bestimmt nicht an", meint Levi. "Stimmt." "Dann müssen wir jetzt los – und ein schönes Fell nehmen wir als Geschenk mit!", ergänzt Levi.

Zeichne diese Krippe ab und male sie bunt an.

99

Bibel

Matthäus 2, 13

Der Engel forderte Josef auf: Steh schnell auf und fliehe mit dem Kind und seiner Mutter nach Ägypten!

"Warum sieht die Frau auf dem Esel denn so traurig aus?" Fragend schaut Britta ihre Eltern an. Mama kommt zu Britta an den Tisch und schaut in die Ausmalbibel, die sie zu Weihnachten von Opa geschenkt bekommen hat.

Auf dem Bild sehen die beiden Maria mit dem kleinen Jesus auf einem Esel. Daneben läuft Josef. Brittas Mama setzt sich neben ihre Tochter und erzählt: "So schön es auch war und so fröhlich Maria und Josef auch über Jesus waren, jetzt mussten sie fliehen aus Bethlehem."

"Wem hatten sie denn etwas getan?", will Britta wissen. "Niemandem", sagt Mama, "aber es kamen viele Menschen, auch die Weisen aus dem Morgenland. Sie alle sagten: Jesus ist unser Herr!"

Britta schaut unverständlich: "Na und?" Mama lächelt: "Du sagst na und. Aber König Herodes hatte große Angst um seine Macht. Er wollte, dass die Weisen aus dem Morgenland ihm verraten, wo Jesus ist. Aber sie taten es nicht."

"Na, ein Glück!"
"Ja, Britta", erzählt Mama weiter. "In einem Traum sagte Gott zu Josef, dass er sofort mit Maria und Jesus nach Ägypten fliehen musste, weil Herodes noch immer hinter Jesus her war. Und dieses Bild hier in deiner Ausmalbibel zeigt die drei auf dem Weg nach Ägypten."

"Und dann?", will Britta wissen. "In Ägypten kamen sie heil an. Gott hat sie beschützt."

Mache einen Esel nach.

Bibelstellen und Stichwortverzeichnis

1. Symbol: BAUMSTAMM MIT JAHRESRINGEN
Bibelstelle: PSALM 102, 28

2. Symbol: KLINGEL MIT NAMENSSCHILD
Bibelstelle: JESAJA 43, 1

3. Symbol: ZERBROCHENER PFEIL
Bibelstelle: RÖMER 12, 18

4. Symbol: WEGWEISER
Bibelstelle: PSALM 37, 5

5. Symbol: OHR
Bibelstelle: MATTHÄUS 19, 14

6. Symbol: EISZAPFEN AN DER DACHRINNE
Bibelstelle: LUKAS 19, 10

7. Symbol: BRILLE
Bibelstelle: JOHANNES 17, 3

8. Symbol: FUSS
Bibelstelle: PSALM 119, 105

9. Symbol: BIBEL
Bibelstelle: JEREMIA 15, 16

10. Symbol: PFLASTER
Bibelstelle: JESAJA 66, 13

11. Symbol: MASKE
Bibelstelle: LUKAS 5, 22

12. Symbol: FAHRKARTE
Bibelstelle: PSALM 118, 5

13. Symbol: SCHNEEGLÖCKCHEN
Bibelstelle: PSALM 104, 24

14. Symbol: KIRCHE
Bibelstelle: MATTHÄUS 18, 20

15. Symbol: AUGE
Bibelstelle: APOSTELGESCHICHTE 9, 18

16. Symbol: KIND
Bibelstelle: MARKUS 10, 15

17. Symbol: SONNE
Bibelstelle: MATTHÄUS 5, 45

18. Symbol: ACKER
Bibelstelle: 1. MOSE 8, 22

19. Symbol: REGENBOGEN
Bibelstelle: 1. MOSE 9,14-15

20. Symbol: SALZ
Bibelstelle: MATTHÄUS 5, 13

21. Symbol: TÜR
Bibelstelle: PSALM 100, 4

22. Symbol: TAUFSTEIN
Bibelstelle: GALATER 3, 26

23. Symbol: SONNTAG
Bibelstelle: 2. MOSE 20, 8

24. Symbol: GLOCKE
Bibelstelle: 1. THESSALONICHER 5, 24

25. Symbol: SCHAF
Bibelstelle: LUKAS 15, 6

26. Symbol: KIRCHTURM
Bibelstelle: PSALM 115, 3

27. Symbol: HERZ
Bibelstelle: MATTHÄUS 5, 8

28. Symbol: NOTE
Bibelstelle: PSALM 33, 3

29. Symbol: MUTTER
Bibelstelle: Psalm 71, 3

30. Symbol: HIRTENSTAB
Bibelstelle: PSALM 23, 4

31. Symbol: FISCH
Bibelstelle: JONA 2, 7

32. Symbol: WURZEL
Bibelstelle: MATTHÄUS 13, 6

33. Symbol: VATER UND KIND
Bibelstelle: 2. KORINTHER 3, 4

34. Symbol: FEUER
Bibelstelle: APOSTELGESCHICHTE 2, 4

35. Symbol: FENSTER
Bibelstelle: PSALM 104, 1-2

36. Symbol: BERG
Bibelstelle: PSALM 121, 1

37. Symbol: TAUBE
Bibelstelle: MATTHÄUS 3, 16

38. Symbol: WOLKE
Bibelstelle: MATTHÄUS 17, 5

39. Symbol: FELS
Bibelstelle: MATTHÄUS 16, 18

40. Symbol: LACHENDES GESICHT
Bibelstelle: 1. KORINTHER 12, 4

41. Symbol: EIDECHSE
Bibelstelle: 1. MOSE 8, 22

42. Symbol: SCHLÜSSEL
Bibelstelle: MATTHÄUS 16, 19

43. Symbol: BAND
Bibelstelle: KOLOSSER 3, 14

44. Symbol: BAUM
Bibelstelle: MATTHÄUS 13, 32

45. Symbol: GESCHENK
Bibelstelle: 2. KORINTHER 9, 7

46. Symbol: WEG
Bibelstelle: 5. MOSE 8, 6

47. Symbol: BRUNNEN
Bibelstelle: PSALM 65, 10

48. Symbol: ADLER
Bibelstelle: JESAJA 40, 31

49. Symbol: BOOT
Bibelstelle: MARKUS 4, 37+38

50. Symbol: SANDUHR
Bibelstelle: 1. THESSALONICHER 5, 23

51. Symbol: WÜSTE
Bibelstelle: 5. MOSE 2, 7

52. Symbol: MAUER
Bibelstelle: PSALM 18, 30

53. Symbol: ANKER
Bibelstelle: APOSTELGESCHICHTE 27, 13

54. Symbol: ZELT
Bibelstelle: JESAJA 40, 22

55. Symbol: BURG
Bibelstelle: PSALM 18, 3

56. Symbol: VERKEHRSSCHILD
Bibelstelle: 5. MOSE 5, 19

57. Symbol: ÄHRE
Bibelstelle: MARKUS 4, 28

58. Symbol: WASSER
Bibelstelle: PSALM 74, 15

59. Symbol: ARZTKOFFER
Bibelstelle: MATTHÄUS 12, 13

60. Symbol: SCHÄFER
Bibelstelle: JOHANNES 10, 27

61. Symbol: BUCH
Bibelstelle: 2. MOSE 20, 4

62. Symbol: TURM
Bibelstelle: 1. MOSE 11, 4

63. Symbol: HIMMEL
Bibelstelle: 1. MOSE 1, 14

64. Symbol: BACHLAUF MIT BUSCH
Bibelstelle: PSALM 1, 2-3

65. Symbol: UFERKANTE
Bibelstelle: 1. MOSE 1, 10

66. Symbol: HAND
Bibelstelle: PSALM 139, 5

67. Symbol: HIRSCH
Bibelstelle: PSALM 42, 2

68. Symbol: GETREIDEGARBEN
Bibelstelle: PSALM 106, 1

69. Symbol: HÜTTE
Bibelstelle: PSALM 27, 5

70. Symbol: MÜNZE
Bibelstelle: LUKAS 15, 9

71. Symbol: DRACHEN
Bibelstelle: PSALM 139, 14

72. Symbol: KÖNIG
Bibelstelle: 1. SAMUEL 10, 24

73. Symbol: WEINTRAUBE
Bibelstelle: 4. MOSE 13, 23

74. Symbol: POSAUNE
Bibelstelle: JOSUA 6, 4

75. Symbol: ALTAR
Bibelstelle: PSALM 26, 6b.+7

76. Symbol: LEITER
Bibelstelle: 1. MOSE 28, 12

77. Symbol: KRUG
Bibelstelle: JOHANNES 4, 7

78. Symbol: PFLANZE
Bibelstelle: JONA 4, 6

79. Symbol: ZERBROCHENES GEWEHR
Bibelstelle: RÖMER 12, 18

80. Symbol: LABYRINTH
Bibelstelle: LUKAS 15, 18

81. Symbol: UHR
Bibelstelle: PSALM 90, 10

82. Symbol: KREIS
Bibelstelle: JESAJA 44, 6

83. Symbol: KREUZ
Bibelstelle: JOHANNES 11, 25

84. Symbol: STEIN
Bibelstelle: 1. SAMUEL 17, 46

85. Symbol: HAHN
Bibelstelle: MARKUS 14, 30

86. Symbol: SAMENKORN
Bibelstelle: JOHANNES 12, 24

87. Symbol: BROT UND WEIN
Bibelstelle: LUKAS 24, 30-31

88. Symbol: OSTEREI
Bibelstelle: JOHANNES 11, 25

89. Symbol: GARTEN
Bibelstelle: JOHANNES 20, 18

90. Symbol: STIEFEL
Bibelstelle: JESAJA 58, 7

91. Symbol: LATERNE
Bibelstelle: MATTHÄUS 5, 7.14

92. Symbol: TOR
Bibelstelle: PSALM 24, 7

93. Symbol: STERN
Bibelstelle: MATTHÄUS 2, 2

94. Symbol: ADVENTSKRANZ
Bibelstelle: LUKAS 3, 11

95. Symbol: KERZE
Bibelstelle: JESAJA 9, 1

96. Symbol: WEIHNACHTSBAUM
Bibelstelle: RÖMER 6, 23

97. Symbol: KRIPPE
Bibelstelle: LUKAS 2, 7

98. Symbol: ENGEL
Bibelstelle: LUKAS 2,10

99. Symbol: ESEL
Bibelstelle: MATTHÄUS 2, 13